中等职业教育通用基础教材系列

哲学与人生

主　审　元甘露

主　编　董琪波　姬建军　刘建华

副主编　黄爱春　刘振东　王同和　易林华　张　筠　韦七玲

　　　　刘胜华　孙　然　潘　敏　龚贵祥　赵琳萍

参　编　熊希红　肖　锋

中国人民大学出版社

·北京·

前　言

党的二十大报告指出，教育、科技、人才是全面建设社会主义现代化国家的基础性、战略性支撑。教育是国之大计、党之大计。职业教育是我国教育体系的重要组成部分，肩负着“为党育人、为国育才”的神圣使命。本教材以习近平新时代中国特色社会主义思想为指导，深入贯彻落实党的二十大精神，将思想道德建设与专业素质培养融为一体，着力培养爱党爱国、敬业奉献，具有工匠精神的高素质技能人才。

“哲学与人生”是中等职业学校学生必修的一门德育课程。本课程以邓小平理论和“三个代表”重要思想为指导，深入贯彻落实科学发展观，对学生进行马克思主义哲学基本观点和方法及如何做人的教育。其任务是帮助学生学习运用辩证唯物主义和历史唯物主义的观点和方法，正确看待自然、社会的发展，正确认识和处理人生发展中的基本问题，树立和追求崇高理想，逐步形成正确的世界观、人生观和价值观；使学生了解马克思主义哲学中与人生发展关系密切的基础知识，提高学生运用马克思主义哲学的基本观点、方法分析和解决人生发展重要问题的能力，引导学生进行正确的价值判断和行为选择，形成积极向上的人生态度，为人生的健康发展奠定思想基础。

2008 年 12 月，教育部颁布了《教育部关于中等职业学校德育课课程设置与教学安排的意见》，启动了新一轮中等职业学校德育课课程改革，将“哲学与人生”列为中等职业学校德育必修课。提起哲学，有人觉得抽象难懂，有人觉得学了也没用，其实不然。哲学绝不是远离现实、不可捉摸的，哲学就在我们身边，就在我们日常的学习、工作和生活当中。可以说，我们每个人都离不开哲学，当我们还没有学习哲学的时候，其实已经在按照一定的哲学观点思考问题、做人、做事情了。只不过在系统地学习和掌握哲学知识之前，我们每个人特别是青年人的哲学观点往往是自发的、零散的，这些观点之间还可能是自相矛盾的。而哲学则把人们对具体事物的认识联系起来进行抽象概括，形成系统的理论体系，用以指导人的思维和行动。

马克思主义哲学是一个开放的体系，它并没有穷尽真理，而是开辟了人们认识真理、探索真理的道路。多年来，我们从马克思主义哲学中汲取了智慧的营养，很多学生通过学习马克思主义哲学树立了正确的世界观、人生观和价值观。无数事实说明，学习马克思主义哲学对青年学生的成长，对提高学生理性思维的能力以及面对复杂的社会生活现象判断是与非的能力，具有十分重要的意义。

中职生正处于世界观从不成熟到逐步成熟的时期，形成什么样的世界观、人生观、价值观至关重要，马克思主义哲学的指导对中职生是必不可少的。我们要以马克思主义哲学为指导，解决好如何做人、如何做事、如何创业等一系列问题，学会用马克思主义哲学的立场、观点、方法去观察、分析社会生活现象，进行正确的价值判断和行为选择，确立正确的人生道路和人生目标。

全书从编写顺序到栏目设计，都紧密结合教学实际，考虑教师的教学需要。由于作者水平有限，时间仓促，难免存在疏漏之处。希望广大教师在使用过程中，提出建设性意见，以便再版时修改和完善。

目录

第一单元

坚持从客观实际出发
脚踏实地走好人生路

第一课　客观实际与人生选择
第二课　物质运动与人生行动
第三课　自觉能动与自强不息

第一课

客观实际与人生选择

学习目标

1. 认知：了解一切从实际出发的辩证唯物主义基本观点，理解从实际出发、尊重客观规律是进行人生选择、走好人生路的前提。

2. 情感态度观念：正视现实，自强不息，尊重规律，树立脚踏实地的人生态度与观念。

3. 运用：运用本课知识把握客观规律，判明客观实际，并在此基础上进行人生选择的基本能力。

学习重点

1. 一切从实际出发的观点和方法。

2. 正确选择适合自己发展的人生道路。

学习难点

1. 物质世界的统一性和多样性。

2. 人生发展的现实性与可能性。

导入新课

王强的父亲是个足球迷，一心想把儿子培养成未来的足球明星，为此，他把儿子送进一所有名的足球学校。经过几年的刻苦训练，王强的球踢得有模有样了，但在一场校内的训练比赛中，他不幸被同伴踢伤，伤势非常严重。

医生告诉王强的父母：别再让孩子踢球了，他的身体条件已经不再适合大运动量的体育活动，再练会对孩子的身体造成难以估量的伤害。王强的母亲想让孩子退出足球学校，但父亲认为，很多足球明星都曾受过重伤，不是有人靠顽强的意志恢复了身体，又重返赛场吗？于是，父亲决定让王强休养一段时间再回学校踢球。不幸的是，王强在比赛中又一次受伤，伤的是同一部位。这一次，王强再也没能站起来。

讨论：

1. 把客观实际作为想问题、办事情的出发点，做到主观符合客观。
2. 从实际出发，就要探寻和把握客观事物的内在规律，做到实事求是。
3. 一切从实际出发是做好各项工作和处理好人生问题的基本要求。

一、坚持一切从实际出发

世界的本质是物质的，物质是不依赖于人的意识并能为人的意识所反映的客观实在。

马克思主义关于世界统一于物质，物质是客观实在的观点，正确地揭示了包括自然、社会和人在内的各种各样的物质形态的共同本质，这对我们认识世界、改造世界有十分重要的方法论意义。

世界上的各种事物，不管简单还是复杂，低级还是高级，大到宇宙天体，小到基本粒子，从无机物到有机物，从无生命到有生命，从动物到人，这些形形色色、纷繁复杂的事物，它们是如何生成、联系、转化的，即如何统一起来的，只有从世界物质统一性的原理出发才能得到科学的解答。

世界上的任何一种事物，不管具体特点如何，其实都是物质的一种具体形态，它们所具有的本质共性是客观实在性，它们是按照物质本身所固有的规律生生不息地运动、发展和相互转化的，并不断由低级形态生成和发展出高级形态，由此才形成了自然、社会和人相统一的整个世界。

重点提示

世界是物质的，就是说构成世界的自然界、人类社会和人自身都是物质的，它们都是客观实在的具体物质形态。

世界的物质统一性原理，是我们在一切工作中坚持从实际出发的依据。要求我们在认识世界和改造世界的过程中，必须坚持从客观存在着的实际出发，无论观察事物，想问题，都要如实地反映物质世界的客观实际情况，一是一，二是二，不能弄虚作假。

小故事

死错了人

东邻人家的岳母死了，葬礼上需要一篇祭文，这家人就托私塾的老师帮写一篇。塾师便从古本里规规矩矩地抄了一篇，没想到误抄了悼岳丈的祭文。葬礼正在进行的时候，识字的人发现这篇祭文完全弄错了。这一家人跑回私塾去责问老师。塾师解释说："古本上的祭文是刊定的，无论如何不会错，只怕是你家死错了人。"

提示：一切从实际出发，就是我们想问题、办事情要把客观存在的实际事物作为根本出发点。它要求我们一定要根据客观存在的事实来决定我们的主观思想和行动。故事中的主人公却照抄照搬，而对眼前的客观实际却根本不看，最终闹出了一个大笑话。

二、客观实际是人生选择的前提和基础

人类产生以后，人类改造自然的活动虽然使自然界发生了巨大的变化，但是，自然界的存在与发展仍然是客观的。人类通过自身的活动在自然界打下了人类意志的烙印，但人不可能改变自然界存在和发展的规律。人不能主宰自然界的发展，而是必须以自然界的客观发展为基础才能获得人类自身的发展。

重点提示

人通过有意识、有目的的活动使自然界发生了巨大的变化，但自然界的发展仍然是不以人的意志为转移的。

今天太空中有数不清的人造地球卫星、太空探测器在转动，陆地上也有数不清的公路、铁路、桥梁、人工河、人工湖、人造森林等，海洋里的海底隧道、海底电缆联结着五大洲，这一切构成了人化自然的环境。此外，由于信息化、数字化技术的发展，还产生了数字化的"虚拟世界"。人们利用各种自然资源，为自己创造了数不清的物

质产品，来满足自己生存和发展的需要。但是，在感叹人对自然界产生巨大影响的同时，我们仍要承认：自然界的存在和发展依然不以人的意志为转移，自然界仍然是客观的。

一个明显的事实是，我们利用和改造自然物，有一个基本的前提，即这种自然物必须客观存在着，并且具有可以被人们利用和改造的属性。人们利用和改造自然物不能凭空想象某种自然物，也不能凭空想象它有什么属性。同时，还有一个明显的事实，即我们改造和利用自然物，必须要尊重自然物固有的规律，我们不能凭自己的意志改变自然规律，更不能创造自然规律。

重点提示

所谓“实事求是”就是从客观存在的事实出发，经过调查研究，找出事物本身固有的而不是臆造的规律性，以此作为我们行动的根据。“实事”就是客观存在着的一切事物；“求是”就是探求和研究客观事物的内在联系，即规律性。

我们可以制造出各种现代的建筑材料，并用这些材料建造起现代化的楼房。但哪些东西能成为建筑材料的原料，不是由人主观决定的。我们可以设想利用高温超导材料制造“磁悬浮列车”，可是如果没有高温超导材料及其特殊属性，磁悬浮列车就永远只能停留在图纸上。我们可以在长江三峡建设拦河大坝，提高水位、蓄洪发电。这个伟大工程所体现的恰恰是对自然规律的认识和利用，而不是对自然的破坏。我们还可以实现“南水北调”“引黄济津”，从而合理利用水资源，满足我们的需要。但这必须建立在长江、黄河“水”客观存在的基础上，才能谈到“调”和“引”，而且，如何“调”和“引”也必须符合水文、生态等的客观规律。

小故事

一只秃鹰飞过王宫，看见王宫中的一只黄莺十分受国王的宠爱，于是就问黄莺：“你是怎么得到国王宠爱的？”黄莺回答说：“我到王宫后，唱歌十分动听，国王非常喜欢听我唱歌，就经常拿珍珠来打扮我。”秃鹰听了，心中很是羡慕，它想：“我也应该学学黄莺，说不定国王也会喜欢上我。”于是它就飞到国王睡觉的地方，开始叫起来。正好国王在睡觉，听了秃鹰的叫声，感到十分恐怖。就叫属下去看看是怎么回事。属下禀报说是秃鹰在叫。国王感到十分愤怒，就吩咐手下去把秃鹰抓来，并命令拔光秃鹰的羽毛。秃鹰浑身疼痛、满是伤痕地回到鸟群中，它恼羞成怒地到处对别的鸟说：“这都是黄莺害的，我一定要报仇！”

通过这个故事，思考秃鹰的问题到底出在哪里？

提示：

1. 正确进行人生选择，走好人生路，要从客观实际出发。

2. 人生实际既包括对象的实际，也包括人自身条件的实际。

人既具有一般物质的共性，同时又具有其他物质所不具有的特殊的能动性。物质性和能动性的统一是人的基本特点。人自身能力的发挥．一方面取决于对自身物质潜能（体能和智能）的开发；另一方面取决于人对外部世界（对象）的认识。人的活动处处体现着物质性与能动性相统一的特点，或者更确切地说，人是一种靠能动性来调动和发挥的物质力量。举重运动员能举起比自己身体重得多的杠铃，这一方面是因为他有很好的身体素质，同时也因为他经过训练，能够在一瞬间由精神把全身的力量调动起来、集中起来，从而释放出巨大的能量。

正因为人具有物质性和能动性相统一的特点，决定了人在客观世界中是一种特殊的存在物，人既不能脱离自然界，又不会满足于自然界的状况；人既要依赖自然，又要改造自然，这就是人在客观世界中的地位。

由于人类改造自然的能力不断增强，不少人产生了错觉，认为自己已经成为自然界的主宰，似乎在自然界面前可以为所欲为，这其实是完全错误的。

人与自然的关系永远不是也不可能成为主宰与被主宰的关系，只能是顺应自然、改造自然，与自然界和谐共处。假如自然界由于自身的原因或者我们人类的破坏不适合人类生存了，人类就失去了生存的条件，就要走向灭亡。因此，人的能动性不论多大，都必须清醒地认识到，人必须顺应自然、爱护自然。爱护自然就是爱护人类自己，破坏自然就是毁灭人类自己。

小故事

一位先哲询问古罗马的两面门神：“请问尊神，您为什么一个头长着两副面？”“为的是一面察看过去，记取历史的教训；一面展望未来，给人们以美好的憧憬。”门神说。

“可是，您为什么不注视最有意义的现在呢？”先哲问道。

“现在？”门神哑然了。

“要知道，”先哲说道：“过去是现在的逝去，明天是今天的继续。您既然无视现在，对那逝去者即使了如指掌，对未来者纵然明察秋毫，又意义何在？”“呜呜……”门神听到此，忍不住抽泣起来。

原来，正是由于先哲所指出的原因，它没有看守住罗马的城池，被敌人攻陷了，于是，人们遗弃了它。

提示： 这个故事说明，人类应该正确理解过去、现在和未来。

三、人生选择的多样性和可能性

现代科学证明，意识不是人脑固有的或自生的东西，而是人脑对客观对象的反映。人脑只不过是一个“加工厂”，而被加工的“原材料”或“半成品”则来自于客观世界，必须靠实践这个“中转站”或“运输道”送进“加工厂”，才能生产出意识这个“完成品”。

重点提示

意识是人脑对客观事物的反映。但是，离开实践，意识就不能产生。一些地方发现过狼孩、熊孩、猪孩。他们虽然为人所生，但从小生活在动物群体之中，跟动物一块生活、长大，养成了动物的习性，不会劳动，不会说话，也不会思维。可见，人虽然有头脑但若长期脱离社会实践，还是不能产生意识。

意识是人脑对物质世界的反映，但是这种反映并不是像照镜子那样的消极被动的过程。人脑在接收信息的同时，又对这些信息进行着能动的加工和改造。

人们通过感官接收外界信息、处理外界信息时，是和个人的经验、观察能力、理解能力等相联系的，一句话，和人的社会实践紧密联系。

意识还能够“推测未来”，这是意识具有能动性的十分重要的表现。人们根据事物的过去、现在，可以推测事物的将来。人们可以想象事物未来的状态，预见事物发展的趋势，规划将要采取的行动方案。

人类已经进入 21 世纪，社会的发展越来越快，预见和把握世界未来的发展趋势变得越来越重要。我们要用科学的发展观指导自己的行为。

意识是人脑对客观世界的反映。但是，这种反映并不总是正确的。当人们的意识正确反映客观事物对，人们就能得到真知；当人的意识歪曲反映客观世界时，就会产生各种谬论以及宗教和迷信观点。为什么说错误的甚至荒诞的意识也是对客观世界的“反映”呢？因为，意识不会主观自生，不管是正确的意识，还是错误、虚幻的意识，都是客观事物在人们头脑里的反映，都是外界事物进入人脑产生的主观映像。意识不论正确与否，其反映的内容都能在现实世界中找到某种客观的“原型”。同样一个客观事物在不同人的大脑里可能反映成不同的东西，成为不同的映像，其原因是多方面的。

由于人们的利益不同，立足点不同，所持的立场不同，对客观事物的反映就会不同。而且观察与思考问题的方法不同，也直接影响着人们对客观事物反映的正确性。此外，人的知识结构也极大地影响着对认识对象的理解。

重点提示

神灵鬼怪这些东西，在实际生活中并不存在，但人们头脑里为什么能产生这些实际生活中不存在的东西呢？这是因为神灵鬼怪在实际生活中虽然不存在，但构成神灵鬼怪的各个“零件”，在实际生活中却是存在的。例如《聊斋志异》中的《画皮》，描绘了一个“鬼”的形象，这个形象就是作者根据现实中的多个“零件”拼凑而成的。

人的活动是有目的、有意识的活动，人的能动性是一个能动的、实践的过程。人的活动主要是想“问题”和做“事情”，在“想”和“做”时，人的能动性具体表现为：

第一，人的活动具有目的性和计划性。人们在反映客观事物时，总是基于实践的需要带有一定的主观倾向和要求，抱着一定的动机和目的。马克思曾经这样说过：“蜘蛛的活动与织工的活动相似，蜜蜂建筑蜂房的本领使人间的许多建筑师感到惭愧。但是，最蹩脚的建筑师从一开始就比最灵巧的蜜蜂高明的地方，是他在用蜂蜡建筑蜂房以前，已经在自己的头脑中把它建成了。”

重点提示

人们在实践基础上所形成的预见和创造性的认识，如预定的目标、活动方式和步骤等，都具有目的性和计划性，能指导人们的活动。

人们过去的活动结果形成现在的实际，没有过去，就没有现在，不同的过去会对现在产生不同的影响；而现在的实际又孕育着将来，将来产生于现在。

第二，人的活动具有主动创造性。人的意识对客观世界的反映是一个能动的创造性的过程。意识不仅能够反映事物的外部现象，而且能够由感性认识上升到理性认识，反映事物的本质和规律。更重要的还在于，人们能够以理论和思想为指导，通过实践把观念的东西变成现实，以自己创造性的活动改造世界。

第三，人的活动与个人所具有的精神状态紧密相关。积极主动的进取精神，吃苦耐劳的牺牲精神，百折不挠的坚强意志，孜孜不倦的务实态度，都是人的能动性的重要表现。

人们在“想问题”“做事情”时，也就是在认识世界和改造世界的活动中，决心、意志、干劲等精神状态，对这些活动的导向与选择、激发与抑制、控制与调节有着巨大影响。我国著名艺术大师徐悲鸿的画是艺术宝库中的瑰宝，尤其是他笔下的马更是令人叫绝。但是，徐悲鸿画马的本领不是天生的，他所画的马也不是他头脑中主观自生的。徐悲鸿经常观察马，有时甚至整天待在马场里，观察马的各种不同的姿态，连饭都顾不上吃。由于长期的认真观察，在他的头脑中形成了对马的深刻印象，从而创作出了超凡脱俗的多种姿态的马，达到了“一洗万古凡马空”的艺术高峰。徐悲鸿画马的故事以及许许多多科学家获得科学发明的故事都说明人的精神、意志等是人的能动性的重要方面，在人的活动中起着十分重要的作用。

小故事

近代德国著名的哲学家和科学家莱布尼茨有一天同国王谈论哲学。莱布尼茨说世界上没有两个彼此完全相同的东西。国王不信，马上命人在花园里找两片完全相同的树叶，结果总是被莱布尼茨挑出它们之间的差别。其实何止是树叶，世界上一切事物都不会是完全相同的，即使是孪生兄弟，也有差异。有一位作家说过：“世上没有两粒相同的沙子，没有两只相同的苍蝇，没有两双相同的手掌，没有两个相同的鼻子。”这个作家这样说是有道理的，世界上的事物和现象，形形色色、千差万别、千姿百态。莱布尼茨对国王说世界上没有两个彼此完全相同的东西后，他又继续说世界上没有两个彼此完全不同的东西。国王又不信，马上命人在花园里找两片完全不同的树叶。结果总被莱布尼茨指出它们之间相同的地方。这个问题概括起来就是，世界上的事物和现象虽然千差万别，但又具有物质统一性。

提示：这个故事说明，物质世界的统一性与多样性为人生选择提供了多种可能性。即人的一生会面临很多条路的选择，但总有一条适合自己。

四、从实际出发，选择适合自己发展的人生道路

人类从它产生的时候开始，就能动地改造着自然。人类的发展极大地增强了对自然的能动性。随着人类社会由农业文明进入到工业革命时期，人们从自然界获取了巨大的物质财富，人们利用不断变化发展的工具，创造着越来越多有利于人类生存和发展的物质产品。在今天，我们面临的自然，几乎都深深地打上了人类活动的烙印。因为人的能动作用，人们获得了很多具有积极意义的成果。

但是，在改造客观世界的过程中，由于认识的局限、错误思想的影响和短视的眼光，以及对狭隘利益的追求，人们在发挥主观能动作用的同时，也对自然界造成了破坏，作出了许多盲目、幼稚的行为。

重点提示

人生选择需要依据具体条件：

1. 人生具体的客观的社会历史条件——正确人生选择的前提。

2. 个人的主客观条件——正确人生选择的依据。

——个人的主观条件：自己的兴趣、性格、能力等。

——个人的客观条件：自己的体质、学习基础、家庭状况等。

可见，人是具有自觉能动性的动物，人的能动性通过人的有意识、有目的地改造世界的活动体现出来。人的意识在发挥人的能动性的过程中起着十分重要的作用。用正确的意识指导实践就能在改造世界的活动中取得成功，促进事物的发展。用错误的意识指导实践，就会在改造世界的活动中失败，阻碍事物的发展，造成对客观事物的破坏，人类的利益也不可能得到实现。

作为中职生，我们必须知道，职业活动的社会性决定着个人的选择和发展必须符合社会发展和现实需要。客观理性选择，不好高骛远、见异思迁。

所以，人生选择是人的自我觉醒的表现，是对自身价值的肯定。能不能做出正确的人生选择，是影响人一生事业成功和生活幸福的重要因素。关键时期的选择对一生的发展具有重大影响，甚至起着决定性的作用。青年人在人生选择面前应力求做到科学、正确，迈好人生每一步。选择了，就不要再犹豫，就要勇敢地付诸行动，坚定地走下去，实现自己美好的人生。

小故事

23 岁的文花枝，是湖南省湘潭市新天地旅行社的一名导游员。文花枝出生在韶山市大坪乡一个普通的农民家庭，家境贫寒，为供弟弟、妹妹读书，她做出了不少牺牲。2000 年，成绩优秀的文花枝中专毕业后，在浙江的一家酒店找到了一份工作，打工 3 年里，她没回家过过年，她把省下的钱全部寄给了家里。平时出游在外，文花枝考虑最多的总是游客。她说：“作为导游，得为游客着想！”一次，一位游客发现文花枝在解说时直冒冷汗，问她是不是身体不舒服，她说没事儿。游客很心疼，要她坐下来休息一下，但她硬是坚持带游客将所有的景点参观完后，才回车里休息。2005 年 8 月 28 日，22 岁的文花枝率团旅游途中遭遇交通事故，在自己左腿严重骨折的情况下，她对前来施救的救援人员说："我是导游，请先救游客。"直到最后一名游客被送上救护车，文花枝才同意接受施救。因错过了最佳救治时机，文花枝最终左腿高位截肢。

提示：

1. 选择要符合自己的主观条件。

2. 主动选择，抓住机遇，把握自己的命运。

知识梳理

一、坚持一切从实际出发

1. 一切从实际出发的含义

一切从实际出发，就是人们在任何时候、任何条件下，从事任何工作，都要把客观实际作为出发点、立足点，把客观实际作为我们想问题、办事情的根据。

一切从实际出发，是做好任何事情，包括走好人生道的前提和保证。

2. 一切从实际出发的要求

(1) 把客观实际作为想问题、办事情的出发点，做到主观符合客观。

(2) 从实际出发，就要探寻和把握客观事物的内在规律，做到实事求是。

(3) 一切从实际出发，是做好各项工作和处理好人生问题的基本要求。

3. 从客观实际出发是唯物主义的思想路线

二、客观实际是人生选择的前提和基础

(1) 正确进行人生选择，走好人生路，也要从客观实际出发。

(2) 人生实际既包括对象的实际，也包括人自身条件的实际。

(3) 人生不同阶段因具有不同的特点、情况、问题，人生选择也有不同的实际。

(4) 要做出正确的人生选择就必须正确认识和把握自己的过去、现在和将来。

三、人生选择的多样性和可能性

(1) 物质世界的统一性与多样性，为人生选择提供了多种可能性的基础。

1) 物质世界的多样性：是指物质世界中的各种事物和现象都是物质及其存在形式的不同表现，它们具有不同的形态和属性，显示出不同的差别。

2) 物质世界的统一性：包罗万象的物质世界的多样性中又具有统一性，即客观存在的现实世界是物质世界。

(2) 由于选择对象的多样性和选择主体目的的多样性，人生选择存在着多种可能性。

（3）总有一条适合你的人生路。

四、从实际出发，选择适合自己发展的人生道路

（1）做力所能及的选择，使自己的主观愿望符合自己的主观条件。

（2）适应时代潮流，使自己的选择符合社会客观环境和历史条件的需要。

（3）主动选择，抓住机遇，把握自己的命运。

思考题

1. 如何理解世界是物质的这一哲学原理？

2. 为什么要一切从实际出发？

3. 物质世界的多样性有什么启示？

4. 如何把握好人生发展的现实性与可能性？

课后练习

1. 请同学们查一查以下成语的意思和出处，指出这几个成语的异同，并谈谈这几个成语与从客观实际出发的哲学观点的关系。

（1）自知之明。

（2）不自量力。

（3）量力而行。

（4）妄自菲薄。

2. 分组讨论：根据每个同学的自身情况，如何依据实际、客观条件，进行职业选择。

案例分析

董斌是一个农村男孩，在广西梧州农业学校读书的时候，他对家乡做了大量的调查，发现当地的养殖业有很大的发展潜力和市场，自己作为学农业的学生在家乡一定会有用武之地。毕业后，他没有像其他同学一样到广东打工，而是凭着从学校里学到的知识和自信，毅然回到了家乡。他向亲戚借了 2 000 元，开了一个兽药店，开始了创业历程。随着时间的推移，他的经营范围已不仅局限于养殖业，还办起了摩托车修理厂、米粉加工厂……一路走来，看似瘦小的他变得越来越“强大”。现在，董斌拥有

了自己的公司，年生猪出栏3 000多头，禽类出栏近 6 万羽，个人资产达 2 000 多万元。

董斌，一个中等职业学校的毕业生，先后被授予广西壮族自治区“双学双比”先进能手、广西壮族自治区“星火带头青年”等荣誉称号。

分析：

1．董斌成功的事迹对我们中职学生进行人生选择有什么启示？

2．董斌在成为成功企业家的过程中是如何把握“客观实际”的？

3．人生选择有多样性和可能性，董斌为什么能够在多个行业取得成功？请结合案例谈谈你对人生选择的看法。

第二课

物质运动与人生行动

学习目标

1. 认知：了解物质运动及规律的有关知识，了解人生行动的特点、意义，了解人生行动的制约因素，理解人生与行动的关系。

2. 情感态度观念：在尊重客观规律的基础上，充分发挥人生行动的目的性和自觉性，增强人生行动的效率。

3. 运用：运用所学的知识，从自己做起，从小事做起，勇敢走出自己的人生之路，用积极的行动构筑辉煌的人生。

学习重点

1. 事物运动都是有规律的。

2. 敢于行动，善于行动。

学习难点

1. 运动是物质的固有属性和存在方式。

2. 人生存在于行动中。

导入新课

山不转水转

山不转那水在转，水不转那云在转，云不转那风在转，风不转那心也转，心不转那风在转，风不转那云在转，云不转那水在转，水不转那山也转。

没有憋死的牛，只有愚死的汉，蜘蛛吐丝画它自己圆，那太阳掏洞也要织它那条线，再深的巷子也能走出那个天。

山不转那水在转，水不转那云在转，云不转那风在转，风不转那心也转，心不转那风在转，风不转那云在转，云不转那水在转，水不转那山也转。

没有留不住的谁，没有搬不动的山，没有钻不出的胡同，没有结不成的缘。那小曲好唱，唱好了那也难，再长的路程也能绕过那道弯，也能绕过那道弯。

《山不转水转》这首歌的寓意是什么？

讨论：世间万物都是运动的。“山”“水”“云”“风”“心”都在不停地“转”，运动不以人的意志为转移，我们无法让世界停止运动。这也说明，不管有多少苦难，有多少坎坷，只要用积极的行动去克服困难，总会有峰回路转、阳光明媚的一天。

一、物质在运动中存在

世界上的物质形态千差万别、无限多样。这是为什么呢？其根本原因，用一句话来说就是，世界是不断运动的，物质世界的丰富、多样和生动，正是它运动、变化和发展的表现和结果。

运动是物质的根本属性，静止是运动的特殊状态。世界上的一切事物时时刻刻都处在运动和变化中，永远一成不变的东西没有的。而相对不变的东西，实际上也处于不断的运动和变化中。

1. 运动是物质的根本属性

从宏观世界到微观世界，从没有生命的无机界到有生命的有机界，一直到人类社会，都没有绝对不动、凝固不变的东西。不仅物质世界如此，人类的精神世界也处于不断的运动中。由此可见，运动和物质是密切联系、不可分割的。

凡此种种都说明，物质是运动的物质，运动是物质的运动。运动是物质的根本属性和存在方式，物质和运动密不可分。

重点提示

从宏观世界到微观世界，从无机界到有机界，直到人类社会，都处于永不停止的运动变化之中。

从整个物质世界来看，一切都处于运动中，没有不运动的物质，这说明宇宙中万事万物都处在运动当中，而且运动是永恒的、无条件的、普遍的，也可以说是绝对的。

各抒己见

“人不能两次踏进同一条河流”，这种说法正确吗？为什么？

提示：“人不能两次踏进同一条河流”，形象地说明了物质运动的哲学原理。恩格斯曾评价说：“这个原始的、朴素的但实质上正确的世界观是古希腊哲学的世界观，而且是由赫拉克利特第一次明白地表述出来的：一切都存在，同时又不存在，因为一切都在流动，都在不断地变化，不断地产生和消失。”

2. 静止是运动的特殊状态

我们外出乘坐汽车，感觉自己相对于汽车没有运动；李四从婴儿到老年活了几十年，始终是李四这个人，而不会变成张三，如此等等，这些都是相对静止的表现形式。

在日常生活中，人们可观察到马生马、鸡生鸡。这种遗传现象表明物种在一定条件下保持相对不变。生物的时辰节律告诉我们，青蛙是冬眠春晓，就是说从冬天到春天这一阶段它是相对静止的。有花植物每年开花有一定的季节；有花植物开花在一天中也有固定的时辰。生物的这种变化同季节的变化保持着相对的稳定。

哲学上讲的静止，一是指事物之间的空间位置保持不变；二是指事物某一方面的性质在一定时期内基本不变。静止不是绝对的不运动，而是一种不显著的运动，是运动的特殊形式。因而，静止是相对的。

各抒己见

刻舟求剑的错误在哪里？

提示：世界上的事物，总是在不断地发展变化的，人们想问题、办事情，都应当考虑到这种变化，适应于这种变化的需要。

世界上任何事物都有其产生、发展和灭亡的过程。事物只有通过一定的过程，才能体现其发展，即世界上万事万物时时刻刻都处在永不停息的变化发展中。

(1) 自然界是变化发展的。以人类居住的地球来说，根据对地球上最古老岩石的测定，地球从产生到现在已有45亿年以上的发展历史，它还将继续发展下去。地球在刚形成的初期，除了构成地球的无机物外，什么都没有，是一个没有生命的、死气沉沉的星球。经过漫长的历史演变，到了 30 多亿年前，才出现了生命现象，开始了生物进化的历史。生物都是由细胞构成的。植物的发展是从单细胞到多细胞，从水生到陆生。动物的发展也是从单核细胞到多核细胞，从无脊椎到有脊椎，从水生到陆生，最后由类人猿进化到人类，产生了人类社会。

（2）人类社会是从低级向高级不断发展的。迄今为止，人类社会已经历了原始社会、奴隶社会、封建社会、资本主义社会和社会主义社会。这几种社会形态是依次从低级向高级发展的，将来还要发展到更高级的共产主义社会。

（3）人的认识，也是从不知到知，从知之不多到知之较多，从肤浅到深刻发展的。无论是对整个世界的认识还是对世界某一领域或某一方面的认识，乃至对每一个具体事物的认识，无不如此。科学作为人类认识的成果，它的发展，不仅表现在各门学科的不断丰富、完整和提高上，而且表现在科学的日益分化和综合上。随着实践的发展和需要，现代科学越来越分化，也越来越综合，新的学科不断出现。

无数事实表明，世界是一条无限发展的历史长河，正是无数具体事物的有限运动、变化和发展，才构成了整个世界的无限发展。

小故事

士别三日，当刮目相看

吕蒙是三国时期吴国人，自小未曾读书，没有文化，别人都看不起他，称他“吴下阿蒙”。他因此发愤学习，终成饱学之士。人们对吕蒙的进步十分惊讶，吕蒙笑道：“士别三日，当刮目相看。”

毛主席曾经高度评价吕蒙：“吕蒙如不折节读书，善用兵，能攻心，怎能充当东吴统帅？我们解放军许多将士都是行伍出身的，不可不读《吕蒙传》。”提问：“士别三日，当刮目相看”，这个典故说明了什么道理？

提示：人生也是运动变化的，不会停滞不前，我们要积极行动，开创人生的新局面。同时也要用运动变化的眼光看待他人，理解他人的不完善、不成熟。

3. 物质在运动中存在和发展

世界在本质上是物质的，而物质又是永恒运动着的，运动是物质所固有的根本属性和存在方式，物质和运动不可分割。物质只有通过运动才能表现自己的存在。某种物质之所以具有特定的物质形态，正是因为它具有某种特定的运动形式。正如恩格斯所说："一切存在物，一切生活在地上和水中的东西，只是由于某种运动才得以存在、生活。"

重点提示

哲学上"运动"这一范畴，指的不是某一种或某几种具体的运动形式，如机械运动、物理运动，化学运动等，而是包括了宇宙中所发生的一切变化和过程，指的是各种运动形式中最普遍的共同本质，所以恩格斯说："运动就是一般的变化。"

各抒己见

"流水不腐，户枢不蠹"说明了什么道理？

提示：这句话的意思是，水不流动就会发臭，木门轴不转就会被虫蛀，说明物质只有在运动中才能存在和发展。物质世界因为运动而生生不息，人类社会在运动中由落后走向兴盛，由愚昧走向文明。个体在运动中不断自我完善，自我超越。

物质和运动的不可分割性，具体来说，表现在两个方面：

一方面，凡是物质都是运动着的物质，世界上没有不运动的绝对静止的物质存在。人类的全部实践和科学发展都证明，物质世界的一切，从微观粒子到日月星辰，从自然界到人类社会，无一不在运动着、变化着和发展着。正如毛泽东同志所指出的，"除了运动着的物质之外，世界上什么也没有。"

另一方面，运动总是物质的运动，世界上根本不存在没有物质、脱离物质的运动。这是因为，物质是一切运动变化的主体，是世界上一切发展过程的实在基础。例如，自然科学证明，客观物体是机械运动的主体，分子是热运动的主体，电子是电运动的主体，生命有机体是生物运动的主体，人脑是思维或精神运动的主体，脱离人脑生理过程的纯粹的心理活动和精神运动是没有的。

小故事

有一次慧能和尚去广州法胜寺，正好赶上印宗法师在那里讲《涅槃经》，和尚们都在寺门内坐着静心听讲。忽然一阵风把悬挂在佛像前面的幡吹动了，飘过来，飘过去。有两个和尚看见了，议论起来。一个和尚说："你看，风在动。"另一个说："不对，那不是风在动，而是幡在动。"

是风动还是幡动，两个人争论不休。慧能听到了便说："那既不是风动，也不是幡动，而是你们的心在动。"慧能和尚的话对不对？错误在哪里？物质是运动的承担者，物质和运动不可分，脱离了物质的所谓“纯粹”运动是不存在的。慧能和尚认为，“心”即人的主观意识就是一切，我的心是怎样的，外界事物就是怎样的。由于我的心在动，所以才有风动、幡动。推而广之，整个世界的运动也是由我的心动决定的。

慧能和尚离开物质谈运动，把意识当作运动的主体，否认物质（风、幡）是运动的主体，最终走向唯心主义。在实践中，我们只有把物质和运动结合起来理解才是辩证唯物主义的物质运动观。

二、人生存在于行动中

1. 人生行动是自觉能动的生命活动

（1）人生行动是运用自己的体力和智力实现目的和理想的过程；

（2）人生行动是现实物质力量的外化过程；

（3）人生行动既是实现自身目的的过程，也是人自身力量的展现过程；

（4）人生行动不仅是物质力量的外化过程，也是人内在精神、道德力量的展示过程。

马克思说：“蜜蜂建筑蜂房的本领使人间许多建筑师感到惭愧。但是，最蹩脚的建筑师一开始就比最灵巧的蜜蜂高明的地方，是他在用蜂蜡建筑蜂房以前，已经在自己的头脑中把它建成了。”最蹩脚的建筑师比最灵活、聪明的蜜蜂高明之处在哪里？人生行动是有意识、有目的地改造世界的能动活动。人生行动不同于被动、消极地适应外部世界的动物的本能活动。第一，动物基本上是凭本能行动的，而人有自主的意识，有一定的目的性和计划性。第二，人总是自觉地生活在一定的社会关系下，因此，人类行动必须遵守一定的规范。

2. 制约人生行动的因素

制约人生行动的因素多种多样，例如，主观因素：个人的观念、能力、方法等，客观因素：社会历史条件等。

小故事

爱因斯坦小时候做梦都想成为像帕格尼尼那样伟大的小提琴演奏家。他一有空就练琴，可是连他的父母都觉得这个可怜的孩子拉得实在太蹩脚了，完全没有音乐天赋。一天，爱因斯坦去请教一位老琴师。琴师说："孩子，你先给我拉一首曲子吧。"他拉的是帕格尼尼24首练习曲中的第三首，简直破绽百出。一曲终了，老琴师沉吟片刻问他："你为什么特别想学小提琴呢?"他说："我想成功，想成为帕格尼尼那样出众的小提琴家。"老琴师又问："那你拉琴快乐吗?"他回答："我非常快乐。"老琴师把爱因斯坦带到自家的花园，对他说："孩子，你现在非常快乐，说明你已经成功了，对不对?你拉小提琴是为了成功，获得快乐，而现在你已经是这样，又何必非要成为帕格尼尼那样伟大的人呢？你看，世界上有两种花，一种花能结果，另一种花不能结果，可它们同样美丽，比如玫瑰，比如郁金香，它们在阳光下开放，虽没有任何明确的目的，但这也就够了。"老琴师的这番话让爱因斯坦恍然大悟。在后来的日子里，他不再对拉小提琴那么狂热了，只把它当作调节生活的一种方式。20年后，他成了名扬天下的物理学家。

提示：这个故事说明，人生行动要受到各种主客观因素的制约，如果爱因斯坦不顾自身的先天条件，一味地蛮干，他将一事无成。在行动中，我们不但要有一往无前的拼搏精神，也要运用自己的智慧，审慎地判断各种主客观因素，扬长避短，选择正确的行动方向，这样才能一步步踏上成功的快车道。

3. 人生行动是物质力量和内在精神的统一

奥林匹克运动有一句著名的格言：更快、更高、更强。这充分表达了奥林匹克运动所倡导的不断进取、永不满足的奋斗精神。奥林匹克精神不仅表示在竞技运动中要不畏强手，敢于拼搏，争取胜利，还鼓励人们在自己的生活和工作中不甘于平庸，要朝气蓬勃，永远进取，超越自我，将自己的潜能发挥到极限。

三、人生路是自己走出来的

1. 不同的行动造就不同的人生

以正确意识支配、遵循客观规律的积极行动能够促进人生的发展，克服人生道路上的困难和挫折，从而充分展示人生行动的意义，使人生在有限的时间内，做出更多有意义的事情。

2. 行动是人生最好的老师和最宝贵的财富

只有在行动中，才能获得人生的体验和感悟，才能不断地理解和认识人生，积累人生的经验，实现自己的成长。

3. 只有积极行动才有精彩人生

一分耕耘，一分收获。只有积极行动才能战胜人生中的各种困难，实现自己的目的；只有积极行动，才能真正认识和感悟人生，获得人生的智慧；只有积极行动，才能抓住人生发展的机遇，使自己的人生达到新的高度；只有积极行动，才能闯出一条前人未走过的路，才能有自己的灿烂人生。

四、敢于行动，善于行动

1. 勇敢走出自己的人生路

世界浩瀚纷繁，生活瞬息万变，在精神与物质、道义与私利、理想与现实、现在与将来的坐标上，如何开展自己的人生行动，是每个有理想的人应该深思的。

构建社会主义和谐社会为每个社会成员提供了自我发展、自我实现的舞台，同时也要求每个社会成员遵守法律规范和社会道德，严厉惩罚那些违背社会规律，破坏社会秩序的行为。我们在行动中要尊重社会规律，遵守法律和道德，使自己的行动符合社会发展和人民群众的根本利益，充分实现和提升自己的人生价值。

重点提示

勇于行动就是：选择决断之勇、克服困难之勇、坚持到底之勇。

2. 遵循客观规律，积极行动

大自然并没有直接给我们提供生存必需的衣、食、住、行，这些东西是人们通过行动，按照客观规律和自己的需要创造出来的。人们在创造物质财富的同时，也创造了科学、文学、艺术等精神财富。而且，积极的人生行动还为人的全面发展注入活力，使人的体力、智力和意志在行动中得到锻炼和完善。

重点提示

善于行动就是：要按照事物的法则做事，即：

1. 行动要有准备。做任何事情，都要有准备。准备在于精心、周到。

2. 行动要有顺序。顺序就是时间的先后，就是在一定的时间内做一定的事情。

3. 行动要有始终。路要一步一步地走，事情也要一件一件地做，有好的开始是重要的，有好的结果则更为重要。

小故事

愚公移山

愚公家门前有两座大山挡着路，他决心把山平掉，另一个老人智叟笑他太傻。愚公说："我死了有儿子，儿子死了还有孙子，子子孙孙无穷无尽，两座山终究会被铲平。"他的行为感动了天帝，天帝命大力神搬走了两山。这则故事给了我们哪些启示？

提示： 成功离不开顽强和坚忍的意志。人们要想实现自己的理想，达到自己的目的，需要具有坚强的意志、勇敢顽强的精神，如此才能克服前进道路上的一切困难。

客观规律不以人的意志为转移，是事物和现象之间内在的、本质的、必然的、稳定的联系。不管你认识它也罢，不认识它也罢，喜欢它也罢，不喜欢它也罢，它总是存在着，并且以不可抗拒的力量发挥作用。人们必须认识客观规律，利用客观规律，按客观规律办事。

重点提示

在中国古代的寓言中，有"南辕北辙"的故事，讲的是马车跑得再快，如果方向错了，也只能离目标越来越远。因此我们在发挥自己的能动性时也要从中吸取教训，要考虑能动性的两种后果。如果不按照客观规律发挥能动性，劲使得越大，破坏性的后果就越严重。

规律是客观的，客观规律始终制约着人的主观能动性的发挥。违背客观规律就要受到惩罚。因此，尊重客观规律是发挥主观能动性的基础和前提，任何夸大主观能动性的做法都是错误的。

小故事

中国古代有“拔苗助长”的故事，说的是一个人急于求成，想用拔高秧苗的办法促进庄稼的生长，结果事与愿违。

提示：这个故事说明，所有的事物都有自己的规律，生产有生产的规律，商品交换有商品交换的规律，经济发展有经济发展的规律，社会治理有社会治理的规律……我们按照事物的客观规律去发挥主观能动性，才能在实践中收到积极的效果。我们对客观规律认识的程度越深，发挥主观能动性的天地就越大，成效就越好；反之则越差。因此，我们要想取得某一件事情的成功，就必须下工夫去研究这一事物的规律性。

规律是客观的，但人在客观规律面前又不是消极无为的，人们不仅能够认识规律，还能够利用规律。人们可以运用已经掌握的规律，指导自己的实践活动，改造世界，为自己服务。

第一，人们能够通过发挥主观能动性，形成对客观规律的正确认识，对事物发展的趋势和方向作出科学的预见，从而指导自己的行动。

事物的本质和规律隐藏于现象当中，我们能看到现象，但看不到规律。比如我们都能看见苹果从树上掉下来，但看不到万有引力。规律是事物、现象之间内在的联系，人只有通过实践，发挥主观能动性，运用抽象思维，才能发现事物、现象之间的这种内在联系，即发现事物的客观规律。一旦认识了事物的某种规律性，就能对同类事物的发展作出预见，就能大大提高实践的自觉性。

第二，人们能够把规律作为行动的向导，运用对规律的认识去改造世界，为人类造福。也就是在认识客观规律的基础上，利用客观规律。

规律就其客观性而言无利害、好坏之分，比如水由高处往低处流，电由正极流向负极等，都是自然规律。自然规律运用得好，就能给人类带来巨大的益处；若利用得不好，就可能形成巨大的祸害。在实践中，由于人们对事物的复杂规律认识得不清楚，也有不少活动不但没有给人类带来有利的后果，反而造成了很大损失，这方面的教训我们应当认真地总结和吸取。

第三，人们可以利用对规律的认识，改变或创造某些条件，限制某些规律发生破坏作用的程度和范围，变不利为有利。

客观规律起作用需要一定的条件。在某些条件下，客观规律可能对人产生有利的后果，而在另外一些条件下，客观规律就可能对人产生不利的后果。人的自觉能动性表现在可以自觉地创造条件或改变某些条件，从而改变自然规律起作用的方式，使规律的发生对人有利。比如洪水对人类具有巨大的破坏作用，但人可以通过掌握水的规律修建各种拦洪、蓄洪、引水、调水的工程，这样不但限制了洪水的破坏作用，还可以变害为利，为人类造福。

总之，在客观规律面前，否认人的主观能动性，消极坐等、无所作为是不对的；否认客观规律性，不顾客观事实、客观条件，主观蛮干也是不对的。只有在尊重客观规律的前提下正确发挥人的主观能动性，人们才能有效地认识世界、改造世界，在实践中获得更大的自由。

各抒己见

“圣神皇帝”的无奈

武则天是中国历史上唯一的女皇，自称“圣神皇帝”。民间传说，一日武则天在花园赏雪，忽然有一阵清香扑鼻而来，原来是腊梅开了。武则天大悦，下了一道御旨，令园中各花跟腊梅一样为她开放。百花仙子迫于武则天的权势，不敢违抗。只有牡丹仙子坚强不屈，拒不从命。第二天一大早，各处群花大放，真是锦绣乾坤，花花世界。仔细看去，只有牡丹含苞未开。武则天大怒，认为她平时对牡丹最厚，牡丹却如此负恩，传令将牡丹贬去洛阳。“所以天下牡丹，至今唯有洛阳最盛。”这则故事说明了什么道理？

提示： 自然界是有时有序的，花卉开放也各有其时，在不改变其他条件的情况下，让春、夏、秋、冬各种季节开放的花，同时开放，即使“圣神皇帝”也是办不到的。因为这样做违背了自然规律。然而在今天，人们通过科学研究，认识了百花的生长规律，懂得了花开取决于日照、温度等条件，因此可以创造或破坏花开的条件，使花提前或延后开放。这并不是人为地改变了花开的规律，恰恰是在认识规律的基础上，利用规律为自己服务，让鲜花按照人们的愿望开放，让我们的生活更加绚丽多彩。

小故事

两个铁球同时落地

1590 年，伽利略在比萨斜塔上做了“两个铁球同时落地”的著名实验，推翻了亚里士多德“物体下落速度和重量成正比”的学说，纠正了这个持续了 1 900 年之久的错误结论。

伽利略的贡献不仅仅在于发现了若干物理学定理，更重要的是，他把实验的方法与数学方法、逻辑论证相结合，开创了现代科学的研究方法，所以他被誉为“现代科学之父”。

从伽利略身上我们可以获得哪些启示？

提示：我们在认识规律的时候要有科学的态度，使用科学的方法，这样才能得出正确的结论。

知识梳理

一、物质在运动中存在

1. 运动是物质的固有属性和存在方式

（1）哲学所讲的运动，是指宇宙间一切事物、现象的变化和过程。

（2）一切事物都是运动的（自然界、人类社会、人本身）。

2. 物质与运动是不可分的

（1）运动是物质的存在方式，没有不运动的物质。

（2）物质是运动的承担者：有机械的、物理的、化学的、生物的和社会的五种运动形式。

3. 物质运动是有规律的

（1）规律：规律是物质在运动过程中本身所固有的、本质的、必然的、稳定的联系。

（2）规律的特点：客观性、普遍性。

（3）规律是可以被认识和利用的。

二、人生存在于行动中

1. 人生行动是自觉能动的生命活动

2. 制约人生行动的因素

3. 人生行动是物质力量和内在精神的统一

三、人生路是自己走出来的

1. 不同的行动造就不同的人生

2. 行动是人生最好的老师和最宝贵的财富

3. 只有积极行动才有精彩人生

四、敢于行动，善于行动

1. 勇于行动：勇敢走出自己的人生路

2. 善于行动：遵循客观规律，积极行动

思考题

1. 如何理解物质运动的规律性？
2. 充分发挥人生行动的目的性和自觉性的前提是什么？
3. 如何才能用积极的行动构筑辉煌的人生？
4. 人生行动的制约因素有哪些？

小论文

所谓“人不可能两次踏入同一条河流”，就是因为河流无时无刻的运动。撰写一篇300字的小文章，说明这一哲学原理。

小故事

杞人忧天

杞国有一个人，整天担心天会突然塌下来，为此吃不下饭，睡不着觉。古往今来，人们一直嘲笑“杞人”是“天上本无事，庸人自忧之”。2005年，一个由全世界226位知名气象学家组成的考察组，公布了一份当今“天”的状况的报告，显示：全球每年有210亿吨二氧化碳被排入大气，有50亿吨矿物变成燃料粉尘、烟雾、有毒气体滞留在大气中，有几百万吨氟利昂挥发升腾到天空，导致全球气温升高、温室效应加剧、酸雨等异常气候。

提问：

1. 分析“杞人忧天”的错误。
2. “杞人忧天”是“庸人自扰”，今日之忧“天”却不再是无稽之谈，为什么？

分析：

1. 受当时科学发展水平的局限，“杞人”对宇宙产生、发展的客观规律没有正确的认识，他的担忧是多余的、毫无根据的。

2. 人类在对自然界加以利用和改造的过程中，过分陶醉于对自然界的“胜利”，忽视了对自身行为的控制和调节，因而违背了自然规律，受到了自然规律的惩罚。

课后练习

目的：认识人生行动的重要意义，培养积极健康的世界观和人生观，具备积极健康的行为方式。

步骤：观察日常生活中的积极行为和消极行为；分组编写小品剧本，运用所学的知识，对小品中的现象进行分析；每组进行课堂表演，坚持用积极健康的世界观、人生观指导人生行动，反对错误消极的世界观、人生观；自由发言，教师总结评价。

案例分析

林肯的一封信

尊敬的先生和夫人：

您还记得30多年前那个圣诞节前夜，那个捡煤屑的小伙子吗？他当时乞求上帝赐予他一双鞋子，但是上帝没有给他鞋子，而是别有用心地送了他一番比黄金还贵重的话和一双袜子。正是这样一双袜子激活了他生命的自信与不屈！这样的帮助比任何同情和施舍都重要，给人一双袜子，让他自己去寻找梦想的鞋子，这是你们的伟大智慧。衷心地感谢你们，善良而智慧的先生和夫人，他拿着你们给的袜子已经找到了对他而言最宝贵的鞋子——他当上了美国的第一位共和党总统。

我就是那个穷小子。

亚伯拉罕·林肯

分析：

1. 林肯由穷小子当上美国总统的故事对你有什么启示？
2. 收集相关资料，分析林肯在成功的道路上是如何发挥主观能动性的。

第三课

自觉能动与自强不息

学习目标

1. 认知：了解如何正确发挥自觉能动性的基本哲学观点；理解尊重客观规律是正确发挥自觉能动性进行人生选择、走好人生路的前提和基础。

2. 情感态度观念：正视现实，自强不息，尊重规律，脚踏实地。

3. 运用：把握客观规律，明确人生发展方向，做一个自强不息、勇于行动、善于行动的人。

学习重点

1. 尊重客观规律与发挥主观能动性是辩证的统一。

2. 自信、自强对人生发展的作用。

学习难点

1. 尊重客观规律与发挥主观能动性是辩证的统一。

2. 增强自信、自强意识。

导入新课

青藏铁路的建设

2005 年 10 月 15 日，青藏铁路最后一排铁轨稳稳安放在拉萨河畔。自此，占中国1/8土地的西藏结束了没有铁路的历史，青藏高原1 300年来的沧桑苦旅成为永恒的记忆。这是人类铁路建设史上亘古未有的穿越：跨越“世界屋脊”，是世界上海拔最高、线路最长的高原铁路，西方舆论称它“堪与长城媲美”。这个事例说明了什么？

讨论：这是世界工程史上从未经历过的艰难：大部分线路处于“生命禁区”和冻土区，国外专家认为在这里修铁路“几乎不可能”。数万名青藏铁路建设者挑战生命极限，破解了多年冻土、高寒缺氧和生态脆弱三大世界难题，将无数奇迹定格在雪域高原。青藏铁路的成功建设正是人们充分发挥人的主观能动性的生动体现。

一、意识是对客观存在的反映

意识是物质长期发展的产物。然而，意识是物质的一种特殊产物，它是脱离不开物质又不同于物质的精神现象。这种精神现象有两个本质的特点：第一，从意识活动的物质器官来说，意识是人脑的机能；第二，从意识和客体的关系来说，意识是客观存在的反映。

1. 意识是人脑的机能

现代科学从不同的领域反复证明，只有人脑才能成为意识的器官。人脑的绝对重量大大超过其他高等动物的脑量，细胞分化和组织程度也远远高于动物。动物脑两半球的功能相同，只是交叉支配机体活动。人脑两半球的功能不同；左半球（大多数人）具有语言、抽象思维、数学计算和形成概念的能力，而右半球则有识别图形、感受音乐、识别方向等的能力。有分必有合，分中寓合，分工细致，联系也进一步密切，于是人脑就出现了动物脑所没有的更为复杂的机能。意识过程与人的大脑活动过程密不可分，后者是前者的物质基础。大脑活动的生理过程表现为兴奋和抑制。兴奋和抑制是大脑皮层的生理活动的两个相反的过程。客观外界刺激了人的感觉器官，感觉器官接受了外界的刺激，通过神经系统传达到大脑，引起大脑皮层的活动，才产生意识现象。

知识链接

两个信号系统

俄国生理学家、心理学家巴甫洛夫认为，大脑皮质最基本的活动是信号活动，从本质上可将条件刺激区分为两大类：一类是现实的具体的刺激，如声、光、电、味等刺激，称为第一信号；另一类是现实的抽象刺激，即语言文字，称为第二信号。对第一信号发生反应的皮质机能系统，叫第一信号系统，是动物和人共有的。对第二信号发生反应的皮质机能系统，叫第二信号系统，是人类所特有的。第二信号系统的活动，是和人类的语言机能密切联系的神经活动，是在婴儿个体发育过程中逐渐形成，并在第一信号系统或非条件反射的基础上建立起来的。人的意识是两个信号系统同时作用的结果。因此，只有人才有意识，动物是没有意识的。

2. 意识是主观对客观的一种反映

意识是人脑的机能，但是光有人脑还不能产生意识。人脑是思维的器官，而不是思维的源泉，意识不是主观自生的，而是外部世界的事物和现象通过感觉器官作用于大脑之后才产生的。意识是客观世界的主观映象，是人们在参加社会实践的基础上主观对客观的一种反映。

第一，从意识的内容来看。意识的内容来源于客观世界。人的头脑只不过是一个加工厂，它的原料都是从客观世界来的。观念、意识作为头脑改造过的东西，经过了人的主观加工，所以就有正确的反映和错误的反映之分。正确的反映之所以说是正确的，就是因为这种反映跟客观外界相一致，是主客观相统一；而错误的认识，虽然是主观和客观相脱离，但也不是头脑里主观自生的，也可以从客观世界中找到它的根源，是客观事物在人的头脑中的一种虚幻的歪曲的反映。

第二，从意识的反映形式来看。意识的反映形式，包括感性形式和理性形式两种。从感性形式来说，感性形式包括感觉、知觉、表象。所谓感觉，就是对客观世界的某一个方面的特性的直接反映；所谓知觉，是对客观事物各种特性的综合反映；所谓表象，就是知觉形象在记忆中的再现。人为什么会产生这些不同的感性反映呢？这主要是因为除了人具有反映能力以外，客观事物本身还具有各种具体的特性，而不同的特性又是相互联系的。

第三，从个体意识的差别性上来看，不同的人对于同一种事物，可以产生各种不同的、甚至根本对立的感觉和思想，而且有的人反映得快，有的人则反映得慢。这种差别是由于人们的修养、知识，特别是阶级立场等主观条件的不同造成的。然而，这种主观差别归根到底是由社会物质生活条件决定的。这恰好证明了客观决定主观，物质决定意识，而不是相反。

重点提示

主观能动性是人区别于动物的根本特点，既包括把客观的东西能动地反映于主观，也包括把主观的东西能动地见之于客观。

二、意识的能动作用

1. 意识的能动性及其表现

所谓意识的能动性，是说意识本身的发展是一个能动的过程，它不仅具有能动地反映世界的能力，而且具有能动地改造世界的作用。这种意识的能动性是人区别于动物的特点。正如毛泽东同志所说："一切事情是要人做的，""做就必须先有人根据客观事实，引出思想、道德、意见，提出计划、方针、政策、战略、战术，方能做得好。思想等等是主观的东西，做或行动是主观见之于客观的东西，都是人类特殊的能动性。这种能动性，我们名之曰'自觉的能动性'，是人之所以区别于物的特点。"具体表现如下：

第一，意识活动的目的性和计划性。人们在反映客观世界的时候，总是根据实践的需要，带着一定的主观倾向和要求，抱着一定的动机和目的。人们在活动之前制定的蓝图、目标、活动方式和活动步骤等，都是人们意识活动目的性和计划性的体现，这些都是任何动物所不具备的。

第二，意识活动的主观创造性。意识不仅能够反映事物的外部现象，而且能够使感性认识上升到理性认识，反映事物的本质和规律。它不仅能够"复制"当前的对象，而且能够追溯过去、预测未来，创造一个理想的或幻想的世界。

第三，意识活动对客观世界的改造作用。意识的能动作用突出地表现在能够把从实践中形成正确思想，再通过实践把它变成现实，把精神的东西变成物质的东西，在自然界打上人类"意志的印记"。列宁说："人的意识不仅反映客观世界，并且创造客观世界。"就是这个意思。

第四，意识发展的前进性。意识本身也是不断发展的，永远不会停留在一个水平上。动物没有意识，它意识不到自己的历史，因而也没有推动历史发展的追求。人类的意识随着实践的发展而发展，不断追求主观世界的丰富和发展，不断摆脱对事物和规律知之不多和知之不全的状态，挣脱旧思想、旧观念的束缚，使意识的能动性提高到新的阶段，在实践中发挥更大的作用。

重点提示

关于意识或心理活动对于人体生理和病理活动的作用，人类早就有所认识。我国传统医学的理论和实践，在这方面有着独特的贡献。科学发展提供的许多事实证明，人的心理过程一方面依赖于人体的生理过程，另一方面又积极地作用于人体的生理过程。

2. 物质对意识的决定作用和意识对物质的反作用是辩证统一的

辩证唯物主义在肯定物质对意识的决定作用的前提下，强调意识的能动性。认为意识对物质并不是消极被动的，在一定条件下，它对物质世界的发展进程有着巨大的反作用。即物质对意识的决定作用和意识对物质的反作用是辩证统一的，这一观点既坚持了唯物论，又坚持了辩证法。

辩论唯物主义肯定意识对物质的巨大能动作用，并不表明意识可以不依赖于物质。这是因为：

第一，人们的行动虽然在是在一定的意识指导之下进行的，但是这种意识的产生，归根到底，来源于客观的现实和实践的需要，意识在对物质世界发生作用之前，它的内容首先就被物质世界的客观情况决定了。

第二，指导人们行动的一定意识（目的、主张、计划等）作用的大小，取决于这种意识本身符合于客观事物发展规律的程度。如果不符合，它就起不到应有的作用。

第三，指导人们行动的一定意识即使符合客观规律，但是它的作用的发挥，还要看是否具备了必要的物质条件和物质手段。否则，也是不能实现的。

由此可见，意识对物质世界的能动作用，不论表现得如何巨大，归根到底，它仍是受客观物质世界决定和制约的。也就是说，首先是物质世界的客观现实决定人们的意识，然后人们的意识才能对物质世界发生反作用。

重点提示

我们充分肯定意识的能动作用，是以物质第一性、意识第二性这个唯物主义的基本原理为前提的。即我们发挥意识的能动作用，是建立在一定的客观物质条件基础之上的。

小故事

海王星的发现

1781年发现天王星后，人们注意到它的位置总是和根据万有引力定律计算出来的数据不符。于是有人怀疑万有引力定律的正确性，但也有人认为这可能是受另一颗尚未发现的行星所吸引的结果。当时虽有不少人相信后一种假设，但都缺乏勇气去寻找这颗未知的行星，因为这是一项非常困难的工作。只有一位年仅23岁的英国剑桥大学的学生亚当斯敢于承担这项任务。他利用万有引力定律和对天王星的观察资料，反过来推算这颗未知行星的轨道。经过两年的努力，他于1843年把计算结果寄给格林尼治天文台台长艾利，可惜艾利的思想非常保守，他不相信“小人物”的工作，把它扔到了一边，置之不理。几年以后，一位从事同样工作的法国青年勒维烈，把他的研究成果告诉了柏林天文台助理员加勒，1846年9月23日晚，加勒果然在勒维烈预言的位置上发现了海王星。“天公斗巧乃如此，令人一步千徘徊。”这一发现使那些最顽固的保守派也不得不相信万有引力定律。

提示：海王星的发现说明意识依赖于物质的同时又对物质具有能动作用。即在科学理论的指导下，能够取得重大成就。

三、主观能动性与客观规律性

主观能动性是人们主动地认识世界和改造世界的能力。客观规律是物质本身固有的、本质的、必然的联系。人们要想在认识世界和改造世界的过程中获得预想的效果，必须处理好二者的关系。

首先，必须遵循客观性原则。发挥人的主观能动性必须以承认规律的客观性为前提。列宁曾经指出，外部世界、自然界的规律乃是人的有目的的活动的基础，人们只有在认识和掌握客观规律的基础上，才能达到认识世界和改造世界的目的。认识和改造自然界，要尊重自然界的规律；认识和改造社会，要尊重社会规律。人们能够创造历史，但不是随心所欲地创造历史。正如人们不能自由选择生产力和生产关系，不能自由选择这一种或那一种社会形态。只有遵循历史的规律和进程，把握时代的脉搏和契机，才能真正成为历史的主人。人们对客观规律的认识越深刻、越正确，就越能有效地发挥主观能动作用。不顾规律和违背规律，只能把事情办糟。

其次，必须把握能动性原则。人们通过自觉活动能够认识规律和利用规律。人的生存和发展离不开对自然和社会的改造，人的需要、利益是历史发展的重要动力。因此，自觉能动性是人与动物的重要区别，人类正是在其对象性活动中形成人与自然、人与社会的各种联系和关系，而人类为了满足自身的需要，必须按照客观规律去改造世界。所以，事物发展的规律与人的自觉活动是紧紧联系在一起的。唯心主义历史观把人们的思想动机看作是历史发展的根本动力，显然是错误的。但是，不承认人的有目的的活动在认识和改造世界中的作用，不承认思想、理论的巨大力量，也是不科学的。重要的问题在于如何使思想、理论同实际相一致。

最后，必须坚持实践性原则。实践是主观能动性与客观规律内在统一的现实基础。事物发展的规律性是可以认识的，但规律是事物内部的必然联系，它不会自动地反映到人的头脑中来。理性思维具有透过现象认识本质的作用，但是丰富而全面的感性材料只能来自于深入的调查研究，来自于改造自然和社会的实践活动。实践在本质上是一种物质性活动，它既是人们认识规律的根本途径，又是人们运用规律改造世界的必由之路。这两方面都是人们的主观能动性发挥作用的体现。主观能动性与客观规律性的辩证统一也正是在人的实践活动中实现的。

重点提示

尊重客观规律与发挥主观能动性是辩证的统一：

1. 尊重客观规律是发挥主观能动性的基础和前提；

2. 充分发挥人的主观能动性是认识和利用客观规律的必要条件。因为：

（1）只有发挥主观能动性，才能揭示事物的本质与规律，正确指导行动。

（2）只有发挥主观能动性，才能利用规律创造条件，改造客观世界。

（3）只有发挥主观能动性，才能战胜困难挫折。

根据上述原理，人们要正确发挥主观能动作用，应当注意以下几点：

首先，以尊重事物发展的客观规律性为前提。只有从客观实际出发，建立在客观规律（以及思维所固有的规律）基础上的思想，才是正确的思想；只有在正确思想指导下，采取的符合客观规律的行动，才是正确的行动，才能实现人们预想的目的。

其次，实践是发挥人的意识能动作用的基本途径。人的意识是一种精神力量，要使它得到实现，变为现实的物质力量，就不能只在意识本身的范围内兜圈子，而必须通过物质的活动——实践才能达到。意识通过实践反作用于物质的过程，也就是意识自身的“物化”过程。意识的“物化”是双重的：把观念的东西化为物质的感性活动，即化为实践；通过实践使主观的东西见之于客观，使客观世界发生合乎目的的改变。人的意识正是通过实践而能动地认识世界，又通过实践而能动地改造世界。

最后，意识能动作用的发挥，还依赖于一定的物质条件和物质手段。人们对客观世界的认识程度，同物质技术条件的发展水平密切联系。一般说来，作为认识器官之延长的科学观测设备越先进，人们的认识水平也就越高。至于改造世界的活动需要的物质手段，更是不言而喻。“巧妇难为无米之炊”，没有现实的原材料，人的意识再“巧”也创造不出任何物质的东西。

小故事

红灯行，绿灯停

“红灯停，绿灯行”是一条最重要的交通规则，但是在“文化大革命”期间，很多人特别是红卫兵为了“破四旧”要求把此交通规则改为“红灯行，绿灯停”。周恩来总理召见了这些红卫兵，听取了他们的意见，又找到了光学专家来解释，做了大量的说服工作，最终保留了这个规则。“红灯停，绿灯行”的交通规则不能更改，是由光在传播中的客观规律决定的。红光的频率低，波长长，绿光的频率高，波长短，绿光在传输中损失的能量就比红光多。因此，在大雾、烟尘天气下，在相同的距离内，可首先看到红光，这样便于采取必要措施，避免发生交通事故。

提示：规律是客观的，是不以人的意志为转移的，它既不能被创造，又不能被消灭；规律又是普遍的，没有规律的世界是不可思议的。这就要求我们要遵循规律，而不是违背规律，一旦违背规律，就会受到规律的惩罚。因此，我们在认识规律、利用规律制定规则的时候，就必须依靠客观规律并服从客观规律。

四、自觉能动性是人特有的能力

1. 自觉能动性的含义

自觉能动性是人区别于动物的根本特点。自觉能动性又叫主观能动性，是人的意识所具有的特点，是其他物质所不具有的特殊能力，即人类认识世界和改造世界的能力。例如，黑猩猩无论多么聪明，也只是消极地适应自然。主观能动性是人特有的能力和活动。所以，人与动物不同，人生不是被动的、本能的生存过程，而是在一定社会历史条件基础上，是用自己的智力和体力去认识环境、改造环境，创造物质财富和精神财富，主动地生存和发展的过程。

2. 自觉能动性的特点

首先，人类认识世界的能力以及人们在社会实践的基础上能动地认识世界的活动，突出表现为我们通常说的“想”。如价值规律、万有引力定律、元素周期律、社会发展规律的发现等。

其次，人类改造世界的能力以及人们在认识的指导下能动地改造世界的活动，即通常所说的“做”。

（1）人们按照自然规律改变自然物原先的形态和内部结构，创造了许多自然界原来不存在、单靠自然力量也不能产生的事物。如克隆羊、人造心脏、人造蛋白质等。

（2）利用对规律的认识，改变或创造条件，发挥其对人们有利的作用，限制其破坏作用，甚至变害为利。

最后，人类在认识世界和改造世界的活动中所具有的精神状态，即通常所说的决心、意志、干劲。如长征精神、铁人的精神、雷锋精神、两弹一星精神、抗洪精神等。

3. 主观能动性的发挥受客观因素和主观因素的制约

主观能动性的发挥受主客观因素的制约，客观因素包括客观条件和客观规律。主观因素包括世界观、价值观、知识结构、教育背景等。

五、人生是自觉能动的过程

1. 人生是发挥自觉能动性的过程

每个人都是自己人生的主人，命运把握在自己手中，同时，每个人也要对自己的人生负责。人生的路只能是自己去选择，也必须自己去走。

2. 人生是把自己的潜能变成现实的过程

人的能力的发挥程度取决于对自身物质潜能（体能和智能）的开发以及对外部世界的认识。潜能的挖掘和发挥，可以提高人的认识和改造客观世界的能力，提高战胜各种困难和挫折的勇气和能力。自觉能动性发挥的程度越高，人自身潜能挖掘和发挥得也就越大。

3. 人生是积极进取、自强不息的过程

积极进取、自信自强对人生发展具有重要作用，一个人必须战胜自我，克服自卑，才能实现自我。

（1）积极进取是人的主观能动性的表现，它可以产生强大的精神力量，对人生发展起着重要的作用。

（2）自强不息是打开自己潜能宝库的钥匙，是战胜各种困难的法宝。

小故事

狼孩的故事

1920年，在印度的一个名叫米德纳波尔的小城，人们常见到有一种“神秘的生物”出没于附近森林，一到晚上，就有两个用四肢走动的“像人的怪物”尾随在三只大狼后面。后来人们打死了大狼，在狼窝里发现了这两个“怪物”，原来是两个裸体的女孩。大的年约七八岁，小的约两岁。这两个小女孩被送到米德纳波尔的孤儿院去抚养，还给她们取了名字，大的叫卡玛拉，小的叫阿玛拉。第二年阿玛拉死了，而卡玛拉一直活到1929年。这就是曾经轰动一时的“狼孩”的故事。

据记载，“狼孩”刚被发现时用四肢行走，慢走时膝盖和手着地，快跑时则手掌、脚掌同时着地。她们总是喜欢单个人活动，白天躲藏起来，夜间潜行。怕火和光，也怕水，不让人们给她们洗澡。不吃素食，只吃肉，吃时不用手拿，而是放在地上用牙齿撕开吃。每天午夜到早上三点钟，她们像狼似的引颈长嚎。她们感情淡薄，只知道饥时觅食，饱则休息，很长时期内对人不感兴趣。不过她们很快便学会了向人要食物和水，如同家犬一样。只是在一年以后，当阿玛拉死的时候，人们看到卡玛拉“流了眼泪——两眼各流出一滴泪”。

据研究，七八岁的卡玛拉刚被发现时，她只懂得一般六个月婴儿所懂得的事，人们花了很大气力都不能使她适应人类的生活方式。她两年后才会直立，六年后才艰难地学会独立行走，但快跑时还是四肢并用。到死也未能真正学会讲话：四年内只学会6个词，听懂几句简单的话，七年后才学会45个词并勉强地学会了几句话。在最后的三年中，卡玛拉终于学会在晚上睡觉，也不怕黑暗了。很不幸，就在她开始朝人的方向前进时，死去了。据狼孩的收养者估计，卡玛拉死时已16岁左右，但她的智力只及三、四岁的孩子。

提示：狼孩的故事说明，尽管有人的大脑，但与人类社会隔绝，仍然不会有人的意识。可见，意识不仅是自然界长期发展的产物，而且更重要的是社会历史的产物。目前，随着电子计算机的发展，一些西方学者得出所谓“人工智能”“电脑”将控制或统治人类的悲观结论，正是在于他们不懂得人类智慧归根到底是社会的产物，具有社会性。“人工智能”毕竟是人制造的，电脑毕竟不是人脑，它们是在执行人的指令，模拟人的思维，完全是一种物理化学的过程。它们不可能有人的社会生活，因而不可能有人的意识和思维。因此，它们永远是人类制造和控制的工具，而不是相反。

总之，自觉能动性是指人能动地反映世界，又能动地改造世界的能力，是人区别于动物的根本特点。要正确处理发挥主观能动性和尊重客观规律的关系，尊重客观规律与发挥主观能动性是辩证统一的。尊重客观规律是发挥主观能动性的基础和前提；充分发挥人的主观能动性是认识和利用客观规律的必要条件。正确发挥自觉能动性还要受到主客观因素的制约。人生发展过程是把自己的潜能变成现实的过程，人生的意义也是在发挥自觉能动性的过程中实现的，我们应该自信自强，积极进取，自强不息。

知识梳理

一、意识是对客观存在的反映

1. 意识是人脑的机能

2. 意识是主观对客观的一种反映

二、意识的能动作用

1. 意识的能动性及表现

2. 物质对意识的决定作用和意识对物质的反作用是辩证统一的

三、主观能动性与客观规律性

主观能动性是人们主动地认识世界和改造世界的能力。客观规律是物质本身固有的、本质的必然联系，人们要想在认识世界和改造世界的过程中获得预想的效果，必须处理好二者的关系。

四、自觉能动性是人特有的能力

1. 自觉能动性的含义

2. 自觉能动性的特点

3. 主观能动性的发挥受客观因素和主观因素的制约

五、人生是自觉能动的过程

1. 人生是发挥自觉能动性的过程

2. 人生是把自己的潜能变成现实的过程

3. 人生是积极进取、自强不息的过程

思考题

1. 如何正确理解发挥自觉能动性的基本哲学观点?

2. 如何理解尊重客观规律与发挥主观能动性是辩证统一的?

3. 简述尊重客观规律是正确发挥自觉能动性进行人生选择、走好人生路的前提和基础这一观点。

4. 怎样才能做一个自强不息、勇于行动、善于行动的人?

课后练习

"人机大战"——电脑对人脑说"不"

自从计算机产生以来,专家们就在研究博弈问题,并将它当作人工智能的一个重要方面。1956年,人工智能作为一个研究领域正式产生。次年,著名的决策理论研究者、1978年的诺贝尔经济学奖获得者西蒙预言:在10年内,数学计算机将成为国际象棋的世界冠军。可当第一次设计的弈棋程序在1960年与人交战时,竟在35步之内被一个10岁的国际象棋新手击败。1989年,一名叫"深思"的计算机与当时的国际象棋大师卡斯帕罗夫对垒,结果"深思"以0∶2败北,但此时"深思"的得分已超过国际象棋大师的平均分,"思维"速度达到每步棋考虑6 500种可能性。1996年2月,卡斯帕罗夫与"深蓝"第一次交锋,"深蓝"在第一局先发制人击败了他,但在随后的决战中,"深蓝"却再也没有胜过一局,以1胜2平3负的战绩告负,可"深蓝"的运算速度是每秒1亿次。一年后,"深蓝"与卡斯帕罗夫大战6个回合,终于以2胜3平1负的成绩取胜,此时它的运算速度已经达到每秒2亿次。在战败后,卡斯帕罗夫深有感触地说:"几年前,对于计算机是否拥有智力的问题,我总是一笑了之……然而现在,我不那么肯定了。1996年的费城之战就迫使我重新思考这个问题。有时,我真的以为这台机器有智慧。"其实战胜卡斯帕罗夫的并不是计算机,而是人,因为在比赛之前,国际象棋大师费尔弥纳和费德罗维奇根据卡斯帕罗夫的最新表现为"深蓝"制定战略,6人专家小组向"深蓝"输入了100多年来所有的国际象棋特级大师开局和残局的下法，就是说卡斯帕罗夫的对手是集中了人类几乎所有的象棋棋谱和对局、每秒能运算 2 亿步，且有 6 人帮助的“象棋团伙”。

要求：写一篇 300 字的文章，说明虽然人工智能、机器人的技术发展迅速，但电脑代替不了人脑，机器人代替不了人类这一结论。

实践拓展

撕思人生

通过这个游戏让学生静下心来思考如何把自己的潜能变成现实。

活动方式：教师发给每位同学一张白纸，让学生在这张白纸上画出一个箭头坐标，然后标出自己的实际年龄；做完后再让学生思考并写下自己应当功成名就的年龄、以后人生中最迫切想要实现的三件事情，同时思考自己如何做才能功成名就；最后让学生预测自己的死亡年龄。

活动后教师进行启发式提问：

1. 面对这张纸，你有何感受？

2. 那仅有的可以用来努力学习和拼命工作的时间，我们应该怎样利用？

3. 应该怎样规划自己的人生？

总结：让学生通过这个游戏亲身感受每个人都是自己人生的主人，人生也是一个能动的过程，人生的路只能是自己去选择，也必须自己去走。

第二单元

用辩证的观点看问题 树立积极的人生态度

第四课

普遍联系与人际和谐

学习目标

1. 认知：掌握联系的含义与特征，理解人际关系的含义与特征，了解人际关系的作用。

2. 情感态度观念：尊重他人，自觉营造和谐的人际关系。

3. 运用：学会用联系的观点分析、解决问题，处理好自己与家长、老师、同学、朋友等的人际关系。

学习重点

1. 学会用普遍联系的观点看问题。

2. 营造和谐的人际关系。

学习难点

1. 物质世界的联系具有普遍性和客观性。

2. 人际关系具有复杂性和交互性。

导入新课

探月工程

探月工程由卫星、火箭、发射场、测控、地面应用五大系统组成，这些系统之间都存在着一种相互影响、相互制约、相互作用的关系。从哲学上讲，这种“相互影响、相互制约、相互作用”的关系，就是联系。

讨论：人们早就认识到，世界上的每一个事物都不是孤立存在的，在整个物质世界，大到宏观宇宙，小至微观粒子，从无机物至有机物，从低级生物到人类，万事万物都处于相互影响、相互制约的关系当中。由五大系统组成的探月工程也不例外，这五大系统各自发挥着独特的作用，同时各大系统发挥作用也不是孤立的，而是相互影响、相互制约、相互作用，即一个系统如果发生故障，那么就可能影响其他系统功能的发挥，可见世界万物都是相互联系的。

一、用联系的观点看问题

世界上万事万物都不是彼此孤立的，而是相互联系的。整个世界是一个无限复杂的相互联系的整体，每一个事物都是这个相互联系的整体中的一部分或一个环节。

重点提示

三类联系

第一类：自然界中物与物之间的联系，这是自然界中一切自在之物之间的天然联系。

第二类：人与物之间的联系，这是人通过社会实践，按照人的意志和需要与外界产生的联系，是主体与客观对象之间的联系。

第三类：人与人之间的联系，人与人之间的联系是世界上一切联系中最高级、最复杂的联系。

1. 物质世界的联系是普遍的、客观的

联系是指事物之间以及事物内部各要素之间的相互影响、相互制约和相互作用的关系。首先，联系是一种关系。例如：师生关系。其次，联系是事物内部诸要素之间的相互影响、相互制约和相互作用的关系。例如：一个人的五脏六腑、骨骼、肌肉、神经等是相互影响、相互制约和相互作用的。最后，联系是事物之间的相互影响、相互制约和相互作用的关系。

重点提示

世界上没有任何孤立存在的事物。一切事物、一切现象都是相互联系的。整个物质世界就是以多种形式相互联系的整体。即“事事有联系，时时有联系”。

所谓“城门失火，殃及池鱼”就是关于事物联系的典型注解。

联系是普遍的，也是客观的。联系的客观性是指联系是不以人们的意志为转移的，是事物本身固有的，而不是人们强加的。无论是自在事物的联系，还是人为事物的联系都是客观的，这就要求我们不能主观臆造并不存在的联系，不能用幻想的联系代替未知的现实联系，不能把幻想的联系主观地张加给某一客观事物。如“乌鸦报丧，喜鹊报喜”“彗星、地震显示国家的兴衰”“指纹、手相决定人的命运”“要得8，就会发，要得13，就会出现灾害”这些臆造出来的虚假的联系。忽视联系的客观性会遭到惩罚，但人们可以根据事物固有的联系，改变事物的状态，建立新的联系。

重点提示

联系是事物本身所固有的，是客观的，不以人的意志为转移。不论是自然界事物之间的联系，还是人类社会生活中事物之间的联系，都不能人为构建。

2. 事物在普遍联系中存在

无数客观事实表明，任何事物都不可能脱离同其他事物的联系而孤立存在，事物的联系是普遍的。因此，当我们看到任何一个现象时，都不应当把它看成是孤立的、偶然的，同其他事物没有联系，而应当善于发现它同其他事物、现象之间的内在联系。

事物之间的联系有外部联系和内部联系。整个世界就是一个联系的整体，如自然界内部、人类社会内部、人类与自然界之间、人的认识和客观事物之间都是联系的。世界上不存在彼此孤立的事物，但是，不是任何两个事物都有联系。

联系具有多样性和条件性。事物间的联系具有多样性，有直接联系，也有间接联系；有显性的联系，也有隐性的联系；有已知的联系，也有未知的联系；有内部联系，也有外部联系；有本质联系，也有非本质联系；有横向的联系，也有纵向的联系；有偶然的联系，也有必然的联系。但这些联系的发生都是有条件的。

小故事

第二次世界大战期间，法军在前沿阵地的一个山洞里，设了一个极为隐蔽的指挥部，指挥法军阻击德军，对德军很不利。一天，德军的一个指挥官用望远镜观察前沿阵地，忽然发现一只名贵的波斯猫在对面的山包上晒太阳。第二天、第三天还是如此，到第四天再看见的时候，德军指挥官猛然醒悟了：山包附近一定设有法军的一个高级指挥部。因为阵地附近没有村庄，不会有谁喂养这只家猫，而且这只猫非同一般，是名贵的波斯猫，一般人是养不起的，况且此时正当战争时期，又是在前沿阵地。于是他立刻调来两个炮兵团，对这个山包实行了毁灭性的轰击，结果法军指挥部受到了重创，所有官兵阵亡。

3. 学会用联系的观点看问题

（1）要用普遍联系的观点看问题，防止孤立、片面地看问题。看问题不能只知其一，不知其二，只计其一，不及其余。学生在人生成长中不能只看到自我，而看不到人与社会的联系，自我封闭，自我满足。

（2）要从整体上把握事物间的联系，处理好整体与局部的关系。既要重视个体、局部对整体的意义，又要把个体和局部放到整体的联系中去。应用到人生的成长中，就是既重视个体对集体和社会的价值，也要充分看到集体、社会对个人发展的重要作用。

如何才能做到从整体上去把握事物呢？最根本、最有效的办法就是处理好整体和局部的关系。在实际工作中，我们要处理好整体和局部的关系，必须从以下两个方面入手：一方面，整体是由局部构成的，整体离不开局部。整体如果离开了局部就只能成为空洞、抽象的概念。人们常说的“牵一发而动全身”，就表明局部对整体具有重要意义。没有局部就没有整体，局部是整体存在的前提。

小故事

宋真宗时，宫内失火，宋真宗派丁谓领导修复宫殿的工作。丁谓遇到一系列的难题：一是取土困难，要去郊外挑土，距离很远；二是运输难办，不仅要运土，还要将其他大量建筑材料运到工地；三是修建中的垃圾难以处理。丁谓经过反复思考，制定了这样的施工方案：首先，在施工现场挖出若干条大深沟，挖出的泥土作为施工用土；第二步，把宫外的水引入新挖的大沟中，通过水道把大批建筑材料运送进来；待运输、建筑任务完成后，再排干沟里的水，把垃圾填进沟内。修复工程按这个方案进行，节省了大量资金，大大缩短了工期，收到了“一举三得”的效果。

（3）要善于发现事物间的复杂联系，区分多样性联系的不同特点，提高认识事物的洞察力。事物间的联系多种多样，只有充分把握事物间存在的这些联系，才能努力去挖掘，得到启迪，提高认识世界和改造世界的能力。

重点提示

唯物辩证法关于联系的观点要求我们：第一，要用普遍联系的观点看问题，防止孤立、片面地看问题。第二，要从整体上把握事物的联系，处理好局部和整体的关系。第三，要善于发现事物间的复杂联系，区分多样性联系的不同特点，提高认识事物的洞察力。

用联系的观点看问题，还要反对实际工作中的主观主义和形而上学，要深入实际，调查研究，搞好学习，做好工作。

二、用联系的观点看待人际关系

世界是开放的世界。开放世界的一个显著特点就是世界上各民族或国家之间的相互联系日趋紧密，形成了全球循环的物质流、信息流、技术流、资金流等。随着交通工具和信息技术的发达，人们不再为远隔万水千山而感叹，“咫尺天涯”转变为“天涯咫尺”，世界仿佛成了一个小小的村庄——“地球村”。

1. 人都是生活在人际关系之中的

人际关系就是人们在社会生活中通过物质交往和精神交往而建立和发展起来的人与人之间的关系。人际关系是社会联系的基本形式，它和其他事物的联系一样是客观存在和复杂多样的。人际交往是人类社会活动的一个重要特点，对社会的形成和发展发挥着重要的推动作用。

人不能离开人际关系而生活。人类生活、生产和科学的发展越来越证实了事物是普遍联系的，越来越揭示出唯物辩证法的联系观点对人类认识和改造世界具有重要的意义。

2. 人际关系的特点

人际关系具有客观性、复杂性和交互性。人际关系的复杂多样性，是由人的社会联系和社会活动的广泛性、多样性和人的社会角色的多样性决定的。因此在处理人际关系时应注意把握好自己的交往角色，兼顾彼此的多重社会联系。

（1）客观性。人与人之间联系的客观必然性。

（2）复杂性。人际关系网和不同的社会角色。

（3）交互性。人与人之间的交往是相互的，心态不一样，结果也不一样。

联系的普遍性、多样性决定了人际关系的多样性、复杂性和交互性。因此，我们对人际关系的特性，只有从哲学的高度来理解才会更深刻。

3. 社会交往的作用

人具有社会性，相互联系，相互依存，单个人是无法生存的。事物之间的联系使事物与事物之间产生了各种相互依存的关系，在这种相互依存的关系当中，如果一种事物发生了变化，其他事物也会受到影响。我国古代有“城门失火，殃及池鱼”的寓言故事，讲的就是这个道理。

从前有个地方，城门下有个池塘，一群鱼在里边嬉戏。有一天，城门失火了，一条鱼看见了便大声叫喊：“不好了，城门失火了，快跑吧！”但是其他的鱼不以为然，认为城门离池塘很远，用不着大惊小怪，所以没有逃走。很快人们便拿着盛水器来到池塘边舀水救火，不一会儿，火被扑灭了，但池塘的水也被舀干了，结果满池的鱼都遭了殃。这个寓言告诉我们，火、水、鱼三者之间是相互联系的。

三、人际和谐是积极健康的人生态度

1. 人际和谐是中国的宝贵文化传统

“和谐”是中国文化中最重要的概念之一，“和”即矛盾的协调统一，包括宇宙自然的和谐、人与自然的和谐、人自身的和谐以及人与人之间、人与社会之间的和谐。

2. 人际和谐与不同的人际关系

在对待人际关系上，用联系的、全面的观点看待人际关系，就会形成积极的人生态度，反之，就会形成消极的人生态度。

（1）积极的人生态度的表现：接纳、合作、和睦、和谐。

（2）消极的人生态度的表现：冷漠、自闭、排斥、对抗。

3. 人际和谐的作用

“和谐”作为中国优秀传统文化的核心价值观，是我们今天构建社会主义和谐社会，实现民族统一，增强民族凝聚力和综合国力的内在要求，也是我们应当树立的积极的人生态度，积极的人生态度反过来可以营造和谐的人际关系。

人际和谐的作用：

首先，人际和谐是每个人心里健康发展的需要。

其次，和谐的人际关系能培养人良好的情绪、开朗的性格和乐观的生活态度，促进人的身心健康发展。

最后，人际和谐有利于人的自我实现。

和谐的人际关系对个人的成长、成才的作用是不可估量的，对社会、对国家也是如此。正是人际的和谐，我们的国家才能战胜各种灾难，迎接一个又一个的胜利。

四、营造和谐的人际关系，创造快乐人生

1. 走出孤独，主动交往

所谓主动交往，就是自觉地投入到社会生活，扩大自己的社会关系，建立积极的人际关系，主动投入真诚的友好感情，这是打开交往之门的最好钥匙。主动交往会使自己的生活变得愉快而精彩。

2. 学会与人共处，和谐共事

与人合作共事重要的在于彼此的尊重和诚信，要学会互相配合，学会分享合作的成果和成功的快乐，要做受欢迎的人，让世界因你而精彩。

3. 建立真正的友谊

在学校和未来的职业生涯中，对待不同的人应采取不同的交友原则和技巧，学会交友，获得快乐的人生。

重点提示

拥有真正的友谊要善于辨别“益友”和“损友”，真正的友谊还需要用心维持和呵护。朋友之间的交往要把握一定的度，尤其是与异性的交往。

知识梳理

一、用联系的观点看问题

1. 联系是普遍的、客观的

2. 事物在普遍联系中存在

3. 学会用联系的观点看问题

二、用联系的观点看待人际关系

1. 人际关系是人的社会联系的基本形式

2. 人际关系是复杂多样的

三、人际和谐是积极健康的人生态度

1. 人际和谐是中华民族的宝贵文化传统

2. 在对待人际关系上，用联系的、全面的观点看待人际关系，就会形成积极的人生态度，反之，就会形成消极的人生态度

3. 人际和谐对人生发展具有重要作用

四、营造和谐的人际关系，创造快乐人生

1. 营造和谐人际关系首先要学会走出孤独，主动交往

2. 营造和谐人际关系还要学会与人共处，和谐共事

3. 营造和谐人际关系要建立真正的友谊

思考题

1. 简述联系的含义与特征。

2. 如何用普遍联系的观点看问题？

3. 简述人际关系的含义与作用。

4. 人际关系的复杂性和交互性体现在哪些方面？

5. 如何用联系的观点处理好自己与家长、老师、同学、朋友等的人际关系？

课后练习

将心比心

有一次一位女士去商店，走在她前面的年轻妇女推开沉重的大门，一直等到她进

去后才松开手。当女士向她道谢时，那位年轻妇女对她说："我妈妈和您的年纪差不多，我希望她遇到这种情况时，也有人为她开门。"

一日，这位女士患病去医院输液。年轻的小护士扎了两针也没有扎进血管里，眼见针眼泛起了青包。女士正想抱怨几句，却抬头看到了小护士额头上密密的汗珠，那一刻她突然想起了她的女儿。于是安慰小护士说："不要紧，再来一次！"第三针果然成功了。小护士连声说："阿姨，对不起。我是实习的，这是我第一次给病人扎针，太紧张了，要不是您的鼓励，我真不敢给您扎了。"原来这位女士有一个和小护士差不多大的女儿，正在医科大学读书，女儿也将有她的第一个患者，她希望女儿第一次扎针时也能得到患者的宽容与鼓励。

目的： 充分认识人际关系是社会联系的基本形式。

步骤： 同学们分组讨论，如果我们在生活中多点将心比心的感悟，就会对老人生出一份尊重，对孩子怀有一份怜爱，人与人之间多一些宽容与理解，少一些计较与猜疑，生活就会更美好。

案例分析

数学家破案

法国天才数学家格勒阿，曾坐过牢，出狱后无处栖身，他便去找挚友鲁柏借宿。可是公寓的女看门人告诉他，两天前鲁柏的家被洗劫一空，鲁柏也被人刺死了。

数学家悲恸失望地向女看门人了解：凶手抓到没有？现场有没有被破坏？有没有留下什么线索？她说，警察勘查现场时只看到鲁柏手里死死捏着没有吃完的馅饼，众人很费解。馅饼是她送给鲁柏的，因为他们是同乡。她认为作案人可能就在这幢楼里。因为案发前后，她正在值班，没有人进出大楼，可是大楼里住有几百人，情况复杂，警方感到非常头痛。

数学家思索后，请女看门人带他到三楼，在314号房间前停下来，问："这个房间谁住过？"她答道："是吉姆。""此人如何？""他爱赌钱，好喝酒。""他现在还住在这里吗？""不知为什么他昨天搬走了。""真可惜，吉姆就是凶手！"女看门人觉得非常惊讶，忙问数学家有何根据？数学家冷静地说："鲁柏手中的馅饼就是线索，馅饼的英文发音是pie，而希腊语pie是圆周率的意思。而我们都知道，圆周率的前三位正是3.14。"最后警察抓住了吉姆，审问后确认吉姆是真正的凶手。

分析： 联系具有多样性和复杂性。要善于发现事物间复杂的联系，区分多样性联系的不同特点，提高认识事物的洞察力。

第五课

发展变化与顺境逆境

学习目标

1. 认知：掌握发展的含义与实质；正确理解事物发展过程中前进性和曲折性的辩证关系，在人生道路上保持积极进取的精神。

2. 情感态度观念：面对生活中的困难、挫折和逆境，保持积极进取的精神状态，养成勇于克服困难和开拓进取的优良品质；主动锻炼个性心理品质，养成良好的生活态度。

3. 运用：学会用发展的观点分析解决问题；处理好顺境和逆境的关系，提高在日常生活、学习、工作中战胜困难和挫折的能力。

学习重点

1. 发展是前进性与曲折性的统一。

2. 以积极的心态对待逆境和挫折。

学习难点

1. 顺境、逆境的联系与转化。

2. 以积极的心态对待逆境和挫折。

导入新课

神七问天

从神舟一号到神舟七号，这是一个艰难的过程，也是我们改革开放成果不断显现的过程，更是中国人民扬眉吐气的过程。中国的“飞天”梦想的逐步实现，是中国航天人和全国人民不断奋斗、不懈追求的过程，从1999年神舟一号无人飞船首访太空，到2005年费俊龙、聂海胜乘坐神舟六号携手问天，6年间的6次飞行如同6个台阶，一次次，在浩瀚的太空中铭刻下中国人的印记。

2008年9月25日21时10分，是每个中国人自豪的时刻，中国自行研制的第三艘载人飞船神舟七号发射了！翟志刚、刘伯明、景海鹏三人一起飞向了天空，他们实现了世界上为数不多的国家掌握的太空行走这一大创举。从载人航天到踏出太空的第一步，我们看到了中国航天技术的不断发展。

讨论： 在科学的道路上没有平坦的大道，只有不畏劳苦沿着陡峭山路攀登的人，才有希望到达光辉的顶点。这体现了哲学中事物发展过程中的前进性与曲折性是辩证统一的观点。

一、用发展的观点看问题

1. 一切事物都处在发展变化之中

世界上的一切事物都是变化发展的，一成不变的事物是不存在的。整个世界就是一个由无数事物构成的生生不息、永无止境的无限发展的过程。

发展是指事物自身性质的突破和飞跃，是新事物代替旧事物的前进、上升的运动。新事物是指符合事物发展规律和方向、具有强大生命力和远大发展前途的事物。旧事物是指丧失存在的必然性，日趋灭亡的事物。

重点提示

所谓新事物，是指符合事物发展规律和方向、具有强大生命力和远大发展前途的事物；所谓旧事物，是指丧失存在的必要性、日趋灭亡的事物。

发展是新事物代替旧事物，新事物具有强大的生命力。唯物辩证法认为，发展不是同一事物的简单重复和反复循环，更不是倒退和下降的变化，而是事物的前进和上升的变化，是事物由低级到高级、从简单到复杂的变化。

判断新旧事物不能凭出现时间的先后和形式上、现象上是否新奇，而是看其是否符合事物发展的必然趋势。

新陈代谢是宇宙间一切事物和现象普遍的、永恒的、不可抗拒的规律。任何事物变化的结果，必然导致新事物最终代替旧事物。可见发展的过程就是新事物不断产生、旧事物不断灭亡、新事物代替旧事物的过程。

把握发展的概念十分重要，具体来说要注意以下两点：

第一，必须紧紧把握发展的本质，树立科学的发展观。要弄清运动、变化、发展三者之间的关系。不能把任何变化都看成是发展。变化可以是上升的、前进的运动，也可以是下降的、后退的运动。而在这些变化当中，只有前进的、上升的、进步的运动才是发展。并且，变化还可能仅仅是数量的增加或减少，如果数量的增加并没有带来事物质的变化也不能称为发展。因此，发展的实质是新事物的产生和旧事物的灭亡，是事物的一种有规律的运动和变化。事物的这种有规律的运动和变化即发展，反映到人的头脑里，就成为一定的发展观念，即某种发展观。所谓科学发展观，就是在正确认识事物发展规律的基础上形成的科学的发展观念，是指导发展的世界观和方法论的集中体现。

第二，必须学会正确区分新事物和旧事物，看到新事物具有强大的生命力。判断一个事物是新事物还是旧事物，关键是看这个事物是否符合客观发展规律，有没有强大的生命力和远大的发展前途。判断一个事物是不是新事物，不能仅仅以它出现的时间先后为依据，也不能以它一时的力量是否强大为标准，更不能以它是否已经完善为尺度。识别新旧事物，要以具体时间、地点、条件为转移，用实践的、发展的观点看问题。宇宙中万事万物都遵循一个不变法则：旧事物必然灭亡，新事物必然胜利。

重点提示

发展的实质是什么？发展是新事物的产生和旧事物的灭亡，但发展不能以过度开发和破坏环境为代价，应坚持科学发展观。

2. 发展是前进性与曲折性的统一

事物的发展是前进性与曲折性的统一，但新事物的发展不是一帆风顺的，总要经历一个从小到大、由弱到强、从不完善到比较完善的循序渐进和反复曲折的发展过程。事物的发展不是笔直的，而是波浪式前进、螺旋式上升的。前途是光明的，道路是曲折的，这是一切事物发展的客观规律。

新生婴儿虽然开始时没有什么用，力量也弱小，但其生命力是旺盛的，前途是远大的，会代替老一辈人继续开创社会的未来。从一个家庭来说，父母把婴儿看作他们希望的所在，积极创造一切可以创造的条件，让婴儿茁壮成长，他们不会因为婴儿暂时“没有用”就抛弃掉。

重点提示

用发展的观点看问题，就是要满腔热情地支持新事物，促进新事物的发展。要把握发展的实质，学会辨别新事物和旧事物。

我们一定要用发展的眼光对待新事物。爱迪生正是用发展的眼光看待他的每一次试验，才取得了伟大的成就。新事物在最初出现的时候，不可能充分显示和发挥其优越性，难免有各种缺陷，因而总是比较弱小的，处于被支配的地位。这是一切新事物发展的普遍规律，是不以人的主观意志为转移的。中国革命的胜利，正是经过无数革命先烈的流血牺牲，经历了种种挫折和失败，才一步步发展壮大起来。

事物的发展是前进性与曲折性的统一。前进性是事物发展的总趋势，新生事物是不可战胜的。因为新事物代替旧事物不是对旧事物的全盘抛弃，而是“扬弃”，是既克服又保留，新事物是在旧事物的基础上产生的，它克服了旧事物中消极、过时和腐朽的因素，保留了其中积极的、合理的因素，并增加了旧事物所不能容纳的新内容，具有旧事物不可比拟的优越性，因此，新事物必然代替旧事物。

重点提示

用发展的观点看问题，要求我们想问题、办事情要着眼于发展，立足于发展，与时俱进。在前进中保持清醒的头脑，准备走曲折的路；在遇到曲折时坚定前进的方向不动摇。

二、人生是一个在曲折中发展的过程

事物的发展，从总的趋势来说，是前进的、上升的。但是它的发展道路是曲折的。事物的发展是波浪式前进和螺旋式上升，即在前进中有曲折，在曲折中有前进，任何事物的发展都是前进性与曲折性的统一。所谓波浪式前进或螺旋式上升是一种形象的比喻，它表明事物发展的方向是前进的、上升的，而发展道路和形式是迂回曲折的。

比如一个青年人的成长过程，受他本人内在因素和社会外在因素各方面条件的影响，不可能是直线式地成长，总要经历各种各样的曲折。这个曲折的过程同时也是他成长、成熟的过程，二者是不可分的。

重点提示

用发展的观点看问题，要求正确理解发展过程中的前进性与曲折性的辩证关系。所谓“士别三日，当刮目相看”就是关于发展观点最典型的注解。

每年春季要经历由冷变暖的过程，但这种变暖并不是温度一天一天升高的直线式的上升。受各种气候因素的影响，气温会有时升高，有时降低，有时则乍暖还寒。但由冷转暖的发展趋势是改变不了的，这种发展趋势是通过气温的曲折变化表现出来的。

各抒己见

“故天将降大任于斯人也，必先苦其心志，劳其筋骨，饿其体肤，空乏其身，行拂乱其所为，所以动心忍性，增益其所不能。”此句话包含了什么哲学道理？

事物发展的总趋势是前进的、上升的。事物的发展是旧事物的死亡和新事物的产生，是由量的积累到质的飞跃。尽管新事物的成长要经历同旧事物的反复较量，但由于新事物既克服了旧事物当中消极不合理的因素，又吸取和保留了旧事物当中积极合理的因素，因而具有更充实、更丰富的内容，具有更大的优越性和更强的生命力。所以，在事物发展的波浪式或螺旋式后面，体现着事物发展中不可遏止的前进、上升的趋势。

各抒己见

“不是一切努力都能立刻获得回报，不是一切奋斗都能顺利获得成功。人生无坦途，每个人都会经历这样或那样的失败。”面对失败，我们应怎么办呢？牛顿曾经说过：“做事失败了，只要继续努力，是没有不成功的。”事实不正是如此吗？不管碰到什么样的失败，只要不动摇，正确地对待失败，就一定能够成功。失败往往是黎明前的黑暗，而后出现的就是成功的朝霞。无论我们遭到什么失败，都要勇于面对，心中要有一个坚定的信念：失败算什么，抬起头来，继续走下去，成功就在面前。由此我们可以得出：人生是一个不断发展的过程，人生发展过程是前进性与曲折性的统一。我们要保持积极进取的态度，准备走曲折的路。

事物发展的道路又是曲折的，不可能直线发展。事物的发展之所以不可能是直线的，根本原因在于事物内部的矛盾性。任何新事物都是在和旧事物相联系、相矛盾的过程中才发展起来的，新事物不能脱离旧事物孤立地实现自我发展，它是在旧事物母体中产生和壮大的，它既要同旧事物展开斗争，又要从旧事物中吸取有利于自身发展的东西，而旧事物总是要限制、阻碍新事物的成长。由此可以断定，新事物的发展不可能是一帆风顺的，它要通过同旧事物的反复较量才能向前发展。在发展的形式上，就像大江大河的前进一样总是一波一波地向前推进。

事物发展中出现的曲折一般来说有两种情况。其一是由事物内部矛盾引起的客观过程中不可避免的曲折。如发展中有整顿、调整、巩固；前进过程中也有暂时的停滞或倒退。这类曲折是由事物辩证运动规律所决定的，是事物自我发展、自我完善的正常道路。其二是由于人们主观上犯错误造成的反复和曲折。

社会的发展不可能没有曲折，个人在人生道路上也不会是一帆风顺地直线前进，要做好思想准备，在遇到挫折时不要悲观失望，丧失信心和勇气。事实上，我们的学习、生活、工作、人生发展等，都是波浪式运动、螺旋式发展的。比如，我们在工作中会遇到挫折和干扰，也会犯错误使得工作不能顺利进行。当我们总结经验、修正错误、排除干扰后，又会在一个新的基础上呈现出一种波浪式前进或螺旋式上升的发展过程。

总之，我们要理解和掌握发展是前进性和曲折性相统一的观点。

三、顺境和逆境是人生发展中不可避免的两种境遇

人生发展是前进性与曲折性的统一，在人生发展的过程中，不可避免会有顺境和逆境两种不同的境遇。顺境和逆境都是对人生的考验。

1. 顺境为人生发展提供机遇与有利条件

顺境为人生发展提供机遇和有利条件。在顺境的套件下，人的发展目标和需求可以顺利实现，有利于人主动创造机会，借势而上，不断取得成功。但在顺境面前也要居安思危，有忧患意识，善于抓住机会，创造机会，促进自身发展。同时也要意识到，客观上的顺利条件并不能直接造就一个人的成功。很多人在顺境中能成才并不是一蹴而就的，而是自我加压，自我磨炼，高标准、严要求的结果。

2. 逆境可以磨炼人的意志

逆境是对人生的巨大考验。坚毅执着、勇敢顽强的意志品质是强者的人格修养和素质。逆境可以磨炼人的意志，可以帮助人正确认识自我，可以积累人生经验，还可以催人奋进。在逆境下，人们不会甘于现状，会想尽办法改变处境，“穷则思变”就是这个道理。在逆境中要具有灵活的应变能力，以积极的心态对待挫折和逆境，不要放

弃积极向上的生活目标和希望，永不言败、永不放弃，使逆境和挫折成为前景的动力。历史上许多人物面对逆境不屈服，变压力为动力，创造出伟大的奇迹。例如：孔子困陈蔡，作《春秋》；屈原放逐，著《离骚》；孙子膑脚，而论兵法；等等。我们周围的许多人之所以创造出奇迹，也是与逆境抗争的结果。

3. 顺境与逆境的联系与转化

顺境和逆境既相互依存又相互转化，是辩证统一的。人生是一个不断向前发展的过程，在人生发展的过程中，不可避免地会有顺境和逆境两种不同境遇。顺境和逆境都是对人生的考验。

各抒己见

中职生在正确对待成长中的困难和挫折方面，主要存在着哪些值得重视的问题？

在人生发展中顺境和逆境经常是互相贯通、互相转化的，顺境时要有忧患意识，在顺境中，安逸懈怠、骄奢放纵，顺境就会变成逆境；而在逆境中奋斗崛起，逆境就可以变为顺境。从现实来说，一些学生往往不能正确对待挫折和失败，不善于创造机会，这主要是因为他没有正确认识顺境和逆境的关系，没有正确对待人生发展道路上出现的逆境和挫折，使逆境和挫折成为前进的动力。

重点提示

顺境时要有忧患意识，逆境时要不懈奋斗；得意不张狂，失意不自卑。

四、以积极的心态对待挫折和逆境

1. 人格与境遇

正确对待顺境和逆境，客观分析挫折和逆境，寻找有效的应对方法，正确认识生活中的困难和逆境，提高心理承受力，保持积极进取的精神状态，养成勇于克服困难和开拓进取的优良品质。

面对逆境，应以积极的心态对待，要处理好人格与境遇的关系，要认识到逆境磨炼人的意志，也考验人的品格。

重点提示

人的境遇是随着外界环境的变化而不断变化的，而人格则随着人的成长不断健全和完善。在逆境中，失败是暂时的，而人格操守的丧失会给人生发展带来难以弥补的损失，使人难以从逆境中崛起。因此，保持健康人格是以积极人生态度对待挫折和逆境的基本要求。

2. 以积极的心态对待逆境和挫折

发展的内在规律促进事物的发展。这对我们搞好学习和工作、正确认识人生和社会，有着重要的意义。

自然界、人类社会和人本身都是变化发展的，不可能一成不变。现在，和平与发展已经成为时代的主题，如何实现经济与社会的持续、协调发展，是我们必须解决的问题。因此，树立科学发展的观点，用科学发展的观点观察和处理问题，十分重要。

第一，要把世界上一切事物看成一个变化发展的过程，善于发现并支持新事物的成长。

在当代，事物作为过程不断发展的这一辩证特性，体现得比以往任何时候都要明显，形而上学的静止、孤立的观点越来越暴露出其固有的缺陷。因此，作为一个现代人，如果不树立科学的发展观点，就不可能适应时代的要求。要树立科学的发展观点，就要学会用发展的眼光看待任何具体的事物。我们观察任何一个事物，都不仅要知道它的现在，而且要了解它的过去，还要预测它的未来。这里最重要的是认识事物发展的规律，分清哪些是暂时弱小但却具有强大生命力的新事物，哪些是暂时强大但已经逐步失去生命力的旧事物，要善于发现新事物，支持新事物的成长，从而促进事物的发展。

第二，要弄清事物在发展中所处的阶段和地位，把远大目标和现实努力结合起来。

任何事物的发展变化都是一个过程，而事物在每个阶段所处的地位、作用和情况又是不同的。事物的发展总是采取由量变到质变的发展形式，而且在每个发展阶段都有不同的特点和要求。对事物的发展，要立足于现实，从现有的基础和条件出发，既要注意它与历史的继承关系，又要充分考虑到未来的发展趋势。对未来要有预见，并用正确的预见指导现实的工作，如此才可能实现长远的奋斗目标，同时还要注意把远大目标和现实努力结合起来。

第三，要正确看待前进和曲折的关系，永远保持乐观进取的人生态度。

“自古雄才多磨难。”面对挫折、打击、失败甚至死亡，你怎么办？文王拘而演

《周易》；司马迁耻遭宫刑而写《史记》；南非前总统曼德拉坐牢28年。正如李白所说，楚王的楼阁已成为荒丘，屈原的正气却充满乾坤，与日月争辉，与山河同在。古今中外，久经磨难终成大器者的经历雄辩地说明：前进不平坦，曲线筑人生。

重点提示

与其在挫折和逆境面前怨天尤人，不如面对现实，积极行动，永不放弃积极向上的生活目标和希望，靠自己的力量拯救自己；同时还要正确看待过去，认真总结经验教训，积极寻找走出困境的途径和方法，从失败中找出成功的因素。

总之，人生是一个不断向前发展的过程，在人生发展的过程中，不可避免会有顺境和逆境两种不同境遇，这都是对人生的考验。坚强的意志是战胜挫折、取得成功最可靠的保证，我们要正确认识挫折、困难与失败，勇敢地面对它们，学会用灵活的策略、理智的态度克服它们；同时要培养坚强的意志品质，树立远大的人生理想，用勇气迎接困难，以意志应对挫折。

尽管大多数同学都有着良好的成长和发展环境，然而在人生的道路上，每个人都难免会遇到困难，遭遇挫折，身处逆境。面对挫折，我们应视之为进步的阶梯，用乐观的态度来对待，调动身心各方面的潜能，消除挫折的消极影响。

知识梳理

一、用发展的观点看问题

1. 发展的实质

2. 事物发展过程中前进性与曲折性的辩证关系

二、人生是一个在曲折中发展的过程

（1）人生是一个不断向前发展的过程，在这个过程中，人生发展包括生理发展和精神发展两个方面。

（2）人生发展是前进性与曲折性的统一，人生之路就是在曲折中迂回向前发展的过程。许多伟大的人，都是在经历了许多坎坷和磨难之后才取得成功的。作为中职学生，在人生发展中要保持积极进取的精神，准备走曲折的路，在曲折中实现发展。

三、顺境和逆境是人生发展中不可避免的两种境遇

1. 顺境与逆境对人生发展的意义

2. 顺境与逆境的关系

顺境和逆境是辩证统一的。在人生发展中，顺境和逆境经常是互相贯通、互相转化的。如果我们在顺境中安逸懈怠、骄奢放纵，顺境就会变成逆境；而在逆境中奋斗崛起，逆境就可以变为顺境。

四、以积极的心态对待挫折和逆境

1. 要正确处理好人格和境遇的关系

2. 要有主动适应环境变化的应变能力

3. 在任何情况下都要保持必胜的信念

思考题

1. 简述发展的含义与实质。

2. 如何理解事物发展过程中前进性和曲折性的辩证关系？

3. 如何用发展的观点分析、解决问题？

4. 如何理解新事物、旧事物的哲学内涵？

5. 如何处理好顺境和逆境的关系，提高在日常生活、学习、工作中战胜困难和挫折的能力？

课后练习

写一篇 300 字的小论文，阐释如何正确对待实现理想过程中的顺境与逆境。

案例分析

一位中职学校毕业的学生，从打工妹成长为民营企业家，她用自己奋斗的体会告诉我们，人生发展就是在不断战胜挫折的过程中前进的，以积极的心态面对前进中的挫折和困难，是走向成功的关键。她说：生活就像一面镜子，你对她哭，她就对你哭，你对她笑，她就对你笑。

毕业后，她的第一份工作是在一家孵化场打工。她不计较工作的辛劳、薪酬的微薄，努力工作，积极寻找发展机会。一场禽流感，使她所在的孵化厂损失惨重，她却从中看到了商机，在一没资金、二没经验的情况下，利用在校期间学到的兽医知识，辞职开办了一家兽药店。开始因信息不灵，生意几乎无法维持，但她没有退缩。在一番深入的市场调研之后，她改变了自己的经营策略，从坐店改为“游医”。她起早贪黑上门为客户提供免费服务，还要筹资金、找货源、跑运输、搞批发……凭着优质服务和诚信经营，生意越干越红火。市场竞争是残酷的，生意一火，大批商家立刻涌入，竞争激烈起来。有一次她不慎进了一批过期药，造成了严重后果。为了保住信誉，她主动承担了全部赔偿责任。虽然生意受到了重创，但赢得了客户的信任，并带来了一批稳定的客户，从此事业获得了较大的发展。就这样，她在挫折中不断成熟，不断发展，事业越来越兴旺。

分析：

1. 上述事例中的她，在遇到逆境时是怎样用发展的观点看问题的？
2. 面对未来人生发展中的顺境和逆境，你将采取怎样的态度？
3. 在社会主义市场经济中，为什么要坚持诚信？

第六课

矛盾观点与人生动力

学习目标

1. 认知：了解“矛盾”“对立”“统一”的基本含义，理解矛盾的概念，掌握矛盾观点。

2. 情感态度观念：正视矛盾，不怕挫折，积极向上。

3. 运用：学会用矛盾的观点分析解决问题，正确处理自己人生中的问题，在解决人生矛盾的过程中促进自身进步和发展。

学习重点

1. 学会用矛盾的观点看问题。
2. 正确对待人生矛盾。
3. 坚持内外因相结合，促进自身发展。

学习难点

1. 坚持内外因相结合，促进自身发展。
2. 矛盾是事物发展的动力和源泉，也是人生发展的动力。

导入新课

我们身边具有两面性的事物或现象有：足球比赛中的攻与守；学习过程中的苦与乐、成功与失败；自身存在的缺点与优点；社会生活中的美与丑、真与假、善与恶、福与祸、正气与歪风、自由和纪律、先进与落后、战争与和平等；自然界中的排斥与吸引、遗传与变异、阴电与阳电、作用力与反作用力等。这些具有两面性的事物与现象说明了什么哲学原理？

讨论：矛盾是推动事物发展的动力，说明事物发展的根本原因不在事物的外部，而在事物内部，内因是事物发展的根本原因，是变化的根据；外因是事物发展的第二位的原因，是变化的条件，外因通过内因起作用。因此个人成长中首先要靠自己的主观努力，要重视内因的作用，同时也不能忽视外因的作用，要积极把握机遇，正确对待顺境和逆境，不断提高自身素质，促进人生发展。

一、用矛盾的观点看问题

事物为什么会发展？物质世界发展变化的原因就在物质世界内部，而每一事物的发展是事物内部的自己的运动。发展的根本原因，在于事物内部的矛盾性。毛泽东说：辩证法的宇宙观，主要的就是教导人们要善于去观察和分析各种事物的矛盾的运动，并根据这种分析，指出解决矛盾的方法。

1. 矛盾是普遍存在的

矛盾的现象早就被古今中外的哲学家所注意和研究了。在我国的传统哲学中，有丰富的关于矛盾辩证法的思想，中国古代的哲学家很早就提出了“物生有两”“万物莫不有对”的思想，认为事物往往是成双成对出现的。在《老子》五千言中，就有关于阴阳、有无、大小、强弱、动静、正反、生死、存亡、兴废、美丑、善恶、攻守、治乱、古今等一系列相对相反的概念。老子指出，“有无相生，难易相成，长短相形，高下相倾，音声相和，前后相随”，即事物都是相辅相成的，各以其对立面为自己存在的前提。

无数事实表明没有什么事物是不包含矛盾的，没有矛盾就没有世界。例如：在数学中，正和负、微分和积分；在力学中，作用力和反作用力；在物理学中，阴电和阳电；在化学中，化合与分解；在生命中，同化与异化、遗传与变异；在日常生活中，先进与落后、优点与缺点、真善美与假恶丑、团结与斗争；等等。马克思主义的唯物辩证法以自然、社会和人的思维中存在的大量事实为依据，科学地揭示出，一切事物的内部都包含着相互对立的两个方面，这两个方面既是相互对立的，又是相互统一的。事物自身包含的既对立又统一的关系叫做矛盾。

重点提示

矛盾是事物自身包含的既对立又统一的关系，即事物内部两个方面之间或事物之间既相互排斥、相互对立，又相互依存、相互转化的关系。对立和统一是矛盾的两种基本属性，二者在事物发展中的作用是不可分割的，不能只强调一方面而忽视另一方面。

仔细观察任何事物或任何现象，都没有不包含矛盾、自身绝对同一的。当我们说一个人“好”的时候，事实上他并不是处处都好，也存在着不少的缺点或不足。就像人们平时说的，出色的人不完美，完美的人不出色。唯物辩证法的矛盾的观点告诉我们，任何事物都不是铁板一块，都是可以分析的。所谓分析，就是要分析事物的矛盾。我们一定要学习和掌握这一方法。

重点提示

当我们说一个人“笨”的时候，他并不是各方面都笨，在某些方面也是很聪明的。反之，成就大事业的聪明人，在日常小事上可能很愚笨，平时所说的“大智若愚”，讲的就是这个道理。当我们说一个集体很团结的时候，事实上这个集体当中肯定也存在着许多不团结的因素，只不过这些不团结的因素还没有影响到整体的团结。当我们看到美国的综合国力很强的时候，也要看到它内部存在着很多的问题和危机。

2. 矛盾是事物对立统一的关系

矛盾就是对立统一，这里的“对立”指的是矛盾双方的相互排斥和相互斗争；“统一”指的是矛盾双方的相互依存和相互贯通。“对立”和“统一”是矛盾的两种属性，这两种属性是不可分割的。我们一讲矛盾，就要讲矛盾具有两种属性，如果只讲矛盾的一种属性，不讲另一种属性，就要导致形而上学。

哲学上讲的“对立”“斗争”，是对自然、社会、思维当中一切互相排斥、互相斗争形式的抽象和概括，像相互否定、相互反对、相互限制、相互离异、相互分化等，都是矛盾斗争性的具体表现。矛盾的斗争性具有高度的概括性，不能把它仅仅理解为政治对抗、政治斗争。

每一个事物内部矛盾的两个方面都是有差别的统一，矛盾双方在力量上的差异和斗争必然会引起事物自身的调整、变化和发展。又由于矛盾的双方在一个事物的统一体内，相互依赖，相互渗透，相互影响，相互作用，相互转换。

重点提示

哲学上把事物内部两个方面之间或事物之间存在着的既相互排斥、相互对立，又相互依存、相互转化的关系叫做矛盾。简言之：矛盾就是对立统一。

1. 对立和统一是矛盾的两个基本属性，不可分割。
2. 对立统一关系既指事物内部，又指事物之间。
3. 哲学上的矛盾不能与逻辑矛盾混为一谈。

哲学上讲的“统一”，指的是矛盾的每一方都同对立的一方不可分割地相互依赖、相互依存，它们互为存在的前提，离开其中一方，另一方就不能存在。比如一块磁铁有南极（S 极）和北极（N 极）之分，南极和北极既相互对立又相互依存，失去一方，另一方也就不存在了。

事实上，正因为矛盾的双方在一定的条件下共处于一个统一体当中，这个事物才能存在和发展，俗话说“不是冤家不聚头”，就是说对立的双方既是相互斗争、相互排斥的，又是相互联系、相互依赖的。由于矛盾的斗争性和矛盾的统一性相互联结。对立的双方又统一又斗争，才推动事物向前发展。因此，矛盾（既对立又统一）是事物发展的动力。

重点提示

“万物莫不有对”，是说事物之中或事物之间具有两面性。例如：网络对人们来说就是一把“双刃剑”，有利有弊，一方面，人们通过它可以快速获取更多的信息，开阔了人们的视野，给人们生活带来方便；另一方面，网络上的信息真假难辨，会使人受到不良信息的影响，甚至可以给人造成很大的伤害。

3. 矛盾是事物发展的动力和源泉

矛盾对立的双方力量是不均衡的，这种力量的不均衡，引起事物的自身调整、变化和发展，事物矛盾的双方既相互对立又相互统一，由此推动事物的发展。

马克思曾说：“假如没有小偷，锁会达到今天这样完善吗？假如没有假钞票，钞票的制造会这样精美吗？”在马克思看来，锁的制造日臻完善，钞票的印刷日臻精美，应该到事物的反面去寻找答案。为什么？因为事物是对立统一的。

4. 学会用一分为二的观点全面看问题

事物究竟是怎样变化发展的呢？其实是事物内部的矛盾双方在一定条件下地位发生转变、打破旧的统一体、建立新的统一体的过程，即矛盾转化的过程。矛盾转化了，就推动着事物变化发展为新的事物；矛盾没有发生转化，该事物就仍然是这个事物。学习了矛盾分析的方法就可以知道，其实量变向质变的转变过程，是由事物内部矛盾的变化引起的，是事物内部矛盾双方的既斗争又统一推动着事物由一点一滴的量的变化发展为根本性的质的飞跃，事物发展必然是前进性和曲折性的统一，这也是由事物内在的矛盾性决定的。现在让我们共同思考一下，事物内在的矛盾性怎样决定了发展的前进性和曲折性。

正因为事物内部都包含着矛盾，矛盾推动着事物向前发展，因此，要认识事物、解决问题，就要学习和掌握矛盾分析的方法，学会正确看待事物中所包含的矛盾，坚持两分法，防止片面性。

既然矛盾是客观的、普遍的，那么，我们就不能否认矛盾、回避矛盾，而应当正视矛盾、分析矛盾，当然也不能主观地想象和制造矛盾。唯物辩证法讲的矛盾，任何时候都是指现实世界、现实事物当中客观存在的矛盾。

没有什么事物是不包含矛盾的，没有矛盾就没有世界。因此，我们必须实事求是地承认矛盾。只有认识了矛盾，才能解决矛盾、做好工作、求得发展。有的人从主观愿望出发，总是希望自己周围没有矛盾，遇到矛盾时不知所措，甚至采取“遇到矛盾绕着走”的态度，这不是积极的态度。

既然任何矛盾当中都包含两个方面而不是一个方面，那么，要全面地看待事物，就要正确对待矛盾。任何事物都要坚持两分法，既要看到矛盾的一个方面，也要看到矛盾的另一个方面。如果看问题只看一个方面，丢掉或否认另一个方面，就叫一点论。一点论是形而上学片面地看问题的方法。

人在看到某人有缺点时，似乎这个人全都是缺点，一点优点也没有，这不是科学的观点。我们的社会在改革、发展过程中，总会出现这样、那样的问题，我们要承认这些问题，并用积极的态度、得力的办法逐步解决这些问题，但不能在看到这些问题时，否认改革开放以来我国社会的巨大进步和成就。思想方法上的片面性是非常害人的，一旦陷入一点论的片面性，就会以偏概全，导致片面或极端的结论，给学习和工作带来损失，影响个人健康成长。

学习了唯物辩证法关于矛盾对立统一的观点，要求我们要坚持两点论，学会一分为二和全面地看问题。认清事物的两个方面，有利于我们调动一切积极因素，克服消极因素，使事物朝着积极的方向发展，既要看到矛盾双方的对立、差别和不同，还要看到矛盾双方的相互依赖和相互贯通，只有从对立统一的相互作用中把握和解决矛盾，才能找到解决和处理矛盾的正确方法，促进事物的发展。

重点提示

矛盾的观点要求我们看问题、办事情不能偏激，不能简单化，要看到事物内部都存在着矛盾，认清事物的两个方面，才能有利于我们调动一切积极因素，克服消极因素，使事物向有利于我们的方向发展，学会一分为二、全面地看问题。

二、矛盾是人生发展的动力

我们用矛盾的观点来看我们自身，矛盾也是我们人生发展的动力和源泉，人生就是一个不断产生矛盾、不断解决矛盾的过程，在解决矛盾中我们得到成长。

1. 矛盾的不同形式

（1）人与自然的矛盾。

人与自然的矛盾，表现为人们适应自然和改造自然的矛盾。人们一方面要依赖自然界的生存条件，要保护环境；另一方面，人们要向自然界索取生存和发展说需要的各种资源，无时无刻不在利用自然。人在适应自然和改造自然的矛盾中生存和发展。

（2）人与社会的矛盾。

人与社会的矛盾，表现为个人主体性和社会整体性的矛盾。一方面，人是社会的主体，每个人作为社会的一分子，他的行为都对社会产生这样或那样的影响，社会中每个人的福利和发展是社会发展的目标；另一方面，个人的生存和发展必然要受到社会的制约，人要遵守社会规则，有道德，守纪律，适应社会发展规律，人就是在发挥个人活动的作用和受社会制约的矛盾中生存和发展的。

2. 面对矛盾

对待人生矛盾，我们要持积极的人生态度，因为积极的态度有利于化解矛盾，消除对立，从而在解决矛盾中推动人生发展；而消极的态度，因为害怕矛盾，所以会极力掩盖矛盾，回避现实，把结果归结为命运不济，消极听从命运的安排。

工作中的顺利与困难、成功与失败；人际关系中的师傅与徒弟、领导与被领导以及同事之间的关系；生活方面的恋爱、婚姻、家庭等，无一不充满矛盾。

对待人生中的各种矛盾，历来有不同的人生态度。我们可以看到：积极的人生态度是正视生活中的矛盾，从事物的对立统一关系中把握事物的本质，全面认识和协调处理矛盾的不同方面，积极化解矛盾，消除对立，在解决矛盾中推动人生发展。而消极的态度是害怕矛盾，掩盖矛盾，表现为两种极端相反的倾向：一种倾向是认识和处理问题时简单化和偏激，排斥不同，激化矛盾；另一种倾向是回避矛盾，把一切归结于命运，消极地听从命运的安排。所以，换一种态度，就会换一种人生。

三、正确处理人生矛盾，积极促进自身发展

1. 对待矛盾的态度

积极的态度是正视生活中的矛盾，从事物的对立统一关系中把握事物的本质，全面认识和协调处理矛盾的不同方面，积极化解矛盾，消除对立，在解决矛盾中推动人生发展。

消极的态度是害怕矛盾，掩盖矛盾，表现为两种极端相反的倾向：一种倾向是认识和处理问题时简单化和偏激，排斥不同，激化矛盾；另一种倾向是回避现实矛盾，把一切归结于命运，消极地听从命运的安排。

2. 正确处理人生矛盾

我们要坚持对立统一的辩证观点和方法，既看到矛盾的对立和不同，又要看到二者的相互联结，抓住矛盾的焦点和实质，消除对立，化解矛盾，推动事物发展，同时也促进自身的发展。比如，在学习生活中，要学会与人合作共事，取人之长补己之短，才能促进自身的发展。

四、坚持内外因相结合，促进自身发展

事物的发展是由多种原因引起的，概括起来可分为两个方面：一方面是外部原因（外因），另一方面是内部原因（内因）。外因是一事物与他事物的对立统一，即外部矛盾；内因是事物内部的对立统一，即事物内部矛盾。

哲学上把事物的内部矛盾叫做内因，把事物的外部矛盾叫做外因。任何一个事物

的发展，不但其内部矛盾存在着多方面的相互作用，而且这个事物又同其他事物相联系，同其他事物构成矛盾。这种内部和外部的矛盾相互作用、相互影响着，事物不可能只有内部矛盾而没有外部矛盾，也不可能只有外部矛盾而没有内部矛盾。因此，尽管外部条件相同，结果却是不同的。可见，在事物的发展中，内因与外因缺一不可。事物的发展是内因和外因共同起作用的结果，但是，内因和外因在事物发展中的地位和作用是不同的。

内外因在事物发展的过程中同时存在，缺一不可，内因是事物发展的根本原因，外因是事物发展的条件，外因通过内因才能起作用。例如，合适的温度只有作用到符合条件的鸡蛋上才能孵出小鸡，作用到石头上则不能孵出任何东西。

小故事

《孟子》中讲了一个故事，两个孩子同时跟孟子学习棋艺。其中一个全神贯注地听讲，另一个虽然也坐在那里听讲，但心里却一直想着有一群大雁将要从这里飞过，准备张弓射雁。同一位老师、同样的学习内容、同时授课，外部条件是完全相同的，但一个专心致志，虚心学习，结果棋艺大长；另一个心猿意马，漫不经心，棋艺始终没有进步。可见，学好棋艺，主要有两个原因，第一个原因是学习者主观的努力，第二个原因是教师对棋艺的传授。这两个原因缺一不可，但二者的作用是不相同的。

内因是事物发展的根本原因，或者叫事物变化的根据。唯物辩证法认为，事物发展的根本原因，不是在事物的外部而是在事物的内部，在于事物内部的矛盾性。任何事物内部都有这种矛盾性，因此引起了事物的运动和发展。

自然界的变化，主要是由于自然界内部矛盾的发展。社会的变化，主要的是由于社会内部矛盾的发展，即生产力和生产关系的矛盾、阶级之间的矛盾、新旧力量之间的矛盾，由于这些矛盾的发展，推动了社会的进步，推动了新旧社会的更替。形而上学者在看到事物的发展时，往往从事物的外部找原因，比如用地理环境和气候的变化来说明某个国家的社会制度的变化，这就不能解释，为什么地理环境和气候相同的国家，有的发生了很大的变化，而有的基本没有发生变化。在社会主义市场经济的条件下，企业之间竞争非常激烈，有的企业发展了，有的企业却破产了。究其原因，主要在于企业内部的矛盾，如企业内部的管理模式、管理水平、技术条件，特别是企业的凝聚力、员工的奋斗精神等。

外因是事物发展的条件，外因通过内因而起作用。唯物辩证法把内因视作事物发展的第一位的原因，但并不否认而且非常重视外部矛盾、外部条件即外因对事物发展的作用。仅有内因并不能实现事物的发展和转变。因为任何事物和其他事物之间都不是孤立的，而是相互联系、相互影响的，所以事物的发展既需要内因，也需要外因。但是，内因与外因并不是分别地、独立地对事物的发展起作用。外因对事物发展的作用，表现在对事物内部矛盾的影响上，即通过促使内部矛盾双方情况的变化而推动事物的变化和发展。

重点提示

内因，是指引起事物发展变化的内部原因。内因是事物内部的对立统一，即事物内部的矛盾。外因，是指引起事物发展变化的外部原因。外因是一事物与他事物的对立统一，即事物之间的外部矛盾。

一个青年人的进步，主要是由他自身的思想矛盾所推动的，但好的社会风气、好的学校和家庭教育等外部条件也起着很大的作用。一个人的堕落固然主要是由他自身的思想所决定的，但不良的外部条件和环境也有不可忽视的影响，在很大程度上影响着一个人的发展方向和状况。病菌能使身体虚弱的人得病，而对体魄健壮的人却无可奈何；资本主义腐朽的思想、文化和生活方式，可以使意志薄弱者迷失方向，而对意志坚强的人却无能为力；等等。这些都说明外因的作用不可忽视，但外因只有通过内因才能起作用。只有把二者结合起来，使其共同起作用，才能促成事物的发展。

学习内因和外因辩证关系的原理对我们认识事物、解决问题、促进个人健康成长有十分重要的意义。

其一，在个人成长的过程中，要正确对待内因和外因，正确处理主观努力与外部条件的关系。首先要重视内因的作用，个人成长最根本的是靠自己的主观努力；同时也不能忽视外因的作用。我们应当利用有利的条件，改变不利的条件，实现个人的发展，为社会作出有益的贡献。

在现实社会中，每个青年所处的环境、条件是很不相同的。有的生活在城市，有的生活在农村；有的生活富裕，有的生活困难；有的家庭和睦，有的父母离异。这些都会给青年的成长带来不同的影响。是不是环境和条件好的，其成长就一定顺利呢？这倒不一定。我们看到不少生活优越的年轻人反倒没有什么作为，而一些生活在困境甚至逆境中的青年，却奋发有为，成为时代的佼佼者。这是为什么？归根到底在于这些青年自身的努力、自身的原因。如果把发展的原因归结为外部条件，忽视自身的努力，一遇困难就灰心丧气、怨天尤人，再好的条件也不起作用。

反之，如果把外部条件变成对自己成长的挑战，以积极良好的态度去面对社会，面对人生，不但会身处逆境而毫不消沉，而且会扬长避短，变不利为有利，发挥人的能动性，改变于己不利的环境、条件，实现人生的理想。

学习了事物发展的内外因关系原理，要求我们正确处理自身努力与外部条件的关系，一方面要努力争取和利用外部有利条件发展自己，把握机遇；另一方面要眼睛向内，积极发挥自己的主观能动性。

顺境和逆境都是外因，起决定作用的还是你自己，无数成功的人生都在说明：人生的路是自己走出来的，只有提高自身素质，才能促进人生发展，创造出自己理想的人生。

五、分清主要矛盾与次要矛盾、矛盾的主要方面与次要方面

1. 主要矛盾与次要矛盾

现实存在的事物往往是很复杂的，不是仅仅包含一种矛盾，而是存在着许多的矛盾。例如在我国经济和社会的发展中，有生产力发展水平低与人民群众不断增长的物质文化需求的矛盾，有物质文明建设与精神文明建设的矛盾，有发展科学技术、教育事业与国家财力的矛盾，有产业结构调整与就业压力的矛盾，还有发展经济与保护生态环境的矛盾等。事物发展中存在的这些矛盾，其地位和作用是不平衡的。其中必有一种是主要的矛盾，由于它的存在和发展，决定或影响着其他矛盾的存在和发展。这种在事物发展中处于支配地位，对事物发展起着决定作用的矛盾，叫做主要矛盾；其他处于从属地位、对事物发展不起决定作用的矛盾，叫做次要矛盾。

重点提示

我国社会发展中存在着各种矛盾，什么是主要矛盾呢？人民群众要提高的物质文化生活水平与我国现实社会生产力落后之间的矛盾是最主要的矛盾，因此一定要以经济建设为中心。发展是硬道理，发展是执政兴国的第一要务。坚持以经济建设为中心，只有大力发展社会生产力，社会主要矛盾才能在经济发展的更高层次上得到解决。没有经济的发展和社会各项事业的进步，人民就不能安居乐业，发挥社会主义制度的优越性和实现民富国强都无从谈起。

毛泽东说：任何过程如果有多数矛盾存在的话，其中必定有一种是主要的，起着领导的、决定的作用，其他则处于次要和服从的地位。因此，研究任何过程，如果是存在着两个以上矛盾的复杂过程，就要用全力找出它的主要矛盾。捉住了这个主要矛盾，一切问题就迎刃而解了。毛泽东的话是对中国革命过程中解决复杂问题的基本方法的哲学概括。在中国革命战争中，毛泽东一贯强调要集中优势兵力，反对“四面出

击”“两个拳头打人”，还提出“伤其十指不如断其一指”，等等，这些抓主要矛盾的辩证思想，值得我们认真学习。

区分主要矛盾和次要矛盾，用全力抓住主要矛盾，也就是要反对不分主次，不分关键和非关键，眉毛胡子一把抓，用十个手指按跳蚤。如果不懂得这个道理，必然会在复杂的事物面前如堕烟海，找不到中心，也就找不到解决问题的方法。另外，在事物的发展过程中，虽然主要矛盾处于支配地位，起着决定作用，但次要矛盾反过来也会影响主要矛盾的发展和作用，因此，用全力抓住主要矛盾，并不是只抓主要矛盾，其他矛盾一概不管。正确的做法是：用抓主要矛盾来统领各项工作，既抓主要矛盾又学会统筹兼顾，恰当地处理次要矛盾。当事物的发展使主要矛盾发生变化以后，我们的认识要跟上这种变化。然而不管怎样，在事物发展过程的各个阶段中，只有一种主要的矛盾起着主导作用，是完全没有疑义的。

2. 矛盾的主要方面与次要方面

我们知道，不仅存在多个矛盾的情况，而且在每一个矛盾当中，矛盾的双方也有主次之分，其地位和作用也是不平衡的。矛盾的两个方面中，必有一方面是主要的，另一方面是次要的。其主要的方面，即居于支配地位、起主导作用的方面，叫做矛盾的主要方面；处于被支配地位、不起主导作用的方面，叫做矛盾的次要方面。事物的性质主要是由取得支配地位的矛盾的主要方面所决定的，问题是要分析哪个方面是矛盾的主要方面，哪个方面是矛盾的次要方面。每一个人都既有优点也有缺点，对每个具体的人而言，情况是不同的。就大多数人来说，每个人尽管有这样那样的缺点，但仍然是优点占主导地位，缺点是次要的方面。

矛盾的主要方面不同，事物的性质也就不同。然而这种情形不是固定的，矛盾的主要方面和次要方面互相转化。事物的性质也就随着发生变化。在矛盾发展的一定过程或一定阶段中，主要方面属于甲方，次要方面属于乙方；到了另一发展阶段或另一发展过程时，就互易其位置，这是由事物发展中矛盾双方斗争力量的增减程度来决定的。

重点提示

青年人在进入社会以后，由于缺少社会生活的经验，有时困难条件超过顺利条件，在这种时候，困难是矛盾的主要方面，顺利是其次要方面。然而由于自身的努力，能够逐步克服困难，开辟顺利的新局面。但在相反的情形下，如果我们不顾主客观条件、任意变革的话，顺利的局面也能转化为困难的局面。矛盾的主要方面和次要方面相互关系的原理，要求我们看问题时既要正确区分主流和支流，不能把支流当成主流；同时又要重视支流，防止支流转化为主流。

针对矛盾的主要方面与次要方面，首先要学会正确地区分主流和支流，这对我们判断事物、认清形势、解决问题有十分重要的意义。事物是一分为二的，既有这个方面，也有那个方面，但矛盾的两方面不是等量齐观的。如果分不清主次，弄不清主流和支流，我们就不能作出正确的判断。人们经常用“九个指头”和“一个指头”的关系来比喻矛盾的主要方面和矛盾的次要方面、主流和支流的关系。也就是说，对成绩与问题、优点与缺点、顺利与困难等，哪些是主要的，哪些是次要的，要有一个正确的判断。任何个人都不可能是完美无缺的，“金无足赤，人无完人”，对人不能求全责备。同样，做任何事情也不可能是十全十美、有百利而无一弊的，只能权衡利弊、得失，判断是利大于弊还是弊大于利，是得大于失还是失大于得，从而作出一定的选择。

其次要学会正确解决支流方面的问题，不要让支流发展为主流。因为矛盾双方的地位不是一成不变的，而是在一定条件下相互转化的。在事物发展的过程中，对支流如果不加控制，让其自行发展，就可能影响主流发展的方向，严重的还会使支流转化为主流。那时，事物的性质就变化了。比如我们党内存在着少数的贪污腐败分子，他们利用职权搞钱权交易、不正之风，在群众中影响很坏。但我们要看到，贪污腐败分子在共产党内只是极少数，不能因为党内出了这些分子，就认为整个党都坏了。这就是要认清在共产党内什么是主流，什么是支流。但分清主流和支流并不是说对贪污腐败分子就可以放手不管了。恰恰相反，我们必须看到贪污腐败现象对党的严重危害，看到如果不认真解决这一问题，不但危及党群关系和社会稳定，而且会影响甚至改变党的性质，破坏社会主义建设事业。因此，党中央已经和正在采取多方面的严厉措施，下决心根治腐败。

我们懂得了主要矛盾和次要矛盾、矛盾的主要方面和次要方面相互关系的原理，就要坚持两点论和重点论的统一。我们所说的两点论，就是要对事物采取一分为二的观点，看到任何事物都有两个方面，不能只看一个方面，否定另一个方面；我们所说的重点论，就是说在两点当中要抓重点，不能把两个方面看成是半斤八两、平分秋色。两点论和重点论是密切联系的。两点是有重点的两点，重点是两点中的重点。离开两点谈重点或离开重点谈两点，都是错误的。我们应当把两点论和重点论统一起来，看问题、办事情，既要全面，又要善于抓重点和主流。学习掌握了重点论和两点论相统一的原理，我们就能加深对党中央关于以经济建设为中心、实现社会全面进步的大政方针的理解，从而自觉地投身建设中国特色社会主义的伟大实践。

首先，要对不同事物的不同的矛盾进行具体分析。矛盾的特殊性首先表现为，不同的事物有不同的矛盾，这种矛盾的特殊性是世界上的事物之所以千差万别的内在原因，或者叫做根据。

每个事物之所以不同于其他的事物，是因为每个事物都存在着自己特殊的矛盾。世界上没有哪两个事物是完全相同的。17 世纪德国哲学家莱布尼茨说过："世界上没有两片完全相同的树叶。" 19 世纪法国文学家福楼拜也说过："世界上没有两粒相同的沙子，没有两只相同的苍蝇，没有两双相同的手掌，没有两个相同的鼻子。"事物不同，在于事物内部的矛盾都具有各自的特点，正是事物当中所含有的特殊的矛盾，才使各种不同的事物相互区别开来。工厂不同于学校，商店不同于医院，即使同是商店，也有商城、超市、专卖店、连锁店等的区别。想一想，如果事物之间没有区别，商店也是医院，医院也是工厂，那么世界会变成什么样子？同班的同学，尽管都是十几岁的青年，但也各具特点、各不相同。如果一个班的同学几十个人都没有任何差别，世界还成为世界吗？由于每个人在个性特点、认识能力、兴趣爱好等方面都不完全一样，因此对他们的教育也不能千篇一律、整齐划一，而应当因材施教。

其次，要对同一事物在不同发展阶段上的不同矛盾进行具体分析。矛盾的特殊性还表现为，同一事物的矛盾在其发展的不同阶段各有不同的特点。或者说，同一事物在不同的发展阶段上，其矛盾也不同。同一事物的发展之所以会出现阶段性的特征，其原因就在于内部矛盾的变化。我们如果不能正确认识和对待矛盾在不同阶段上的不同特点，也不可能做好事情或解决好问题。

重点提示

每个人都要经历幼年、少年、青年、中年、老年等发展阶段，这种发展阶段区分的内在根据是什么？在于人生的不同阶段，其生理、心理、智力等矛盾的情况不同，并由此发生了某些阶段性的质变。就某人从生到死都是某人而言，没有发生质变，但在人生的不同时期，人的内在矛盾是不同的，需要解决的主要矛盾也不同。从幼年到成年，生理、心理和智力的发育是主要矛盾，而成年以后这个矛盾就不再是主要矛盾。成年人心理、智力都已发展成熟，但生理上又开始由盛向衰转化。因此，对待处于不同人生阶段的人，采用的方法不应当也不可能是一样的。试想，如果我们用对待幼儿的办法（教其穿鞋、识字）对待成年人，或者反过来，用对待成年人的办法（要求他教育子女、成就事业）对待幼儿，那就非把事情搞乱不可。

不了解矛盾各方的特点，就叫做片面地看问题，或者叫只看见局部，没有看见全体；只看见树木，没有看见森林。这样，是不能找出解决矛盾的方法的。由此看来，具体问题具体分析包括十分丰富的内容，它对我们想问题、办事情具有十分重要的意义。离开具体问题具体分析，就不能认识矛盾的特殊性。具体问题具体分析是人们正确认识事物的基础，也是正确解决矛盾的关键。

知识梳理

一、用矛盾的观点看问题

1. 矛盾是事物对立统一的关系

“对立”是指矛盾双方的相互排斥和相互斗争；“统一”是指矛盾双方的相互依赖和相互渗透。

2. 矛盾是事物发展的动力和源泉

正是矛盾双方的既相互对立又相互统一，由此推动事物向前发展。

3. 辩证唯物主义矛盾观

坚持两点论，学会一分为二、全面地看问题，为我们正确对待和解决人生矛盾、树立积极人生态度提供了科学的方法论。

二、矛盾是人生发展的动力

1. 人生是一个不断产生矛盾、解决矛盾的过程

2. 人与自然的矛盾

3. 人与社会的矛盾

三、正确处理人生矛盾，促进自身积极发展

1. 对待矛盾的态度

2. 正确处理人生矛盾

四、坚持内外因相结合，促进自身发展

1. 内因是事物发展的根本原因

2. 外因是事物发展的条件

五、分清主要矛盾与次要矛盾、矛盾的主要方面与次要方面

1. 主要矛盾与次要矛盾

2. 矛盾的主要方面与次要方面

思考题

1. 如何理解矛盾的观点？

2. 为什么说矛盾是事物发展的动力和源泉？

3. 矛盾的内外因原理有何人生启示？

4. 对待矛盾的正确态度是什么？

5. 如何用矛盾的观点，解决人生矛盾的过程中的问题，促进自身进步和发展？

课后练习

命运在何处

一个生活平庸的人带着对命运的疑问去拜访禅师，他问禅师：“您说真的有命运吗？”

“有的。”禅师回答。

“是不是我命中注定穷困一生呢？”他问。

禅师就让他伸出他的左手指给他看，说：“你看清楚了吗？这条横线叫做爱情线，这条斜线叫做事业线，另外一条竖线叫做生命线。”

然后禅师又让他跟自己一起做一个动作，把手慢慢地握起来，握得紧紧的。

禅师问：“你说这几根线在哪里？”

那人迷惑地说：“在我的手里啊。”

“命运呢？”

那人恍然大悟，原来命运在自己手里，而不是在别人的嘴里。

有的中职生在校有悲观情绪，觉得前途不太光明，其实我们应该知道，内因是事物发展的根据，人生的路要靠自己走，提高自身素质是获得人生发展的关键因素。

在校期间，我们既要努力提高自身素质，又要想办法创造良好的外部环境，处理好自身努力与外部条件的关系，才能促进人生发展。

要求：写一篇 500 字的小论文，阐释这一观点。

案例分析

刘默涵和她的默涵助学基金

她是来自河北的一位女孩儿，12 岁那年，父亲因病去世，她与常年卧床的母亲和年幼的妹妹相依为命。从此，贫穷和饥饿像影子一样不离她左右。虽然有过痛苦、挫折与彷徨，但刘默涵都一一挺过来了。正如她所说：“这个世界上比你苦的人有很多，你永远都不是最苦的那一个。但是通过努力，你可以做最幸福的一个！”

她以河北省第二名的高考成绩考入北大，却因为交不起 4 000 元的学费，差点与北大失之交臂，是社会救助和好心人的帮助才让她得以上学。进入北大后，她没有躺在别人的帮助中生活，而是两个月后就开始了边上学边打工的生活。做家教时，刘默涵对学生特别认真，花很长时间备课，还常常超时传授学习方法。她成了家教中心最抢手的小老师，最多的时候，同时兼三份家教。为了省钱，刘默涵“规定”自己一天只吃 3 元钱的饭菜。她利用周末到博物馆做解说员，晚上顾不上回宿舍又匆匆赶去做家教。冬天，骑车回宿舍的路上，凛冽的寒风打在脸上，灌进衣服里，胃也饿得直疼，她流着泪告诉自己，生活苦不是放弃的理由。就这样，刘默涵不仅完全解决了自己上学的各种费用，每年还带回 1 500 元供家用，并给妹妹攒够了上大学第一年的几千元学费。在大三的时候，在自己还并不宽裕的时候，她却在北大创立了用自己名字命名的助学基金，捐助贫困家庭的孩子上学。

分析：矛盾是事物发展的动力和源泉，也是我们人生发展的动力，矛盾需要我们去解决，但也正是在解决矛盾的过程中，人生才得以发展和完善。人生矛盾是普遍存在的客观事实，谁也无法逃避。这个故事告诉我们，树立一种对待人生矛盾的积极态度十分重要。积极的人生态度有利于化解矛盾，消除对立，从而在解决矛盾中推动人生发展。

第三单元

坚持实践与认识的统一
提高人生发展的能力

第七课

知行统一与体验成功

学习目标

1. 认知：了解实践和认识的辩证关系。理解提高人生发展能力必须做到知行统一。

2. 情感态度观念：增强学生对知行统一哲学原理的认同，使得中职学生注重实践，善于总结，努力学习，崇尚在知行统一的过程中提高人生发展的能力。

3. 运用：通过教学，帮助学生在学习与生活的实践中，不断探索、及时总结人生发展过程中成功和失败的经验教训。学会以马克思主义的认识论为指导，不断提高人生发展的能力。

学习重点

1. 辩证唯物主义知行统一观的基本观点和方法。

2. 在知行统一中体验成功。

学习难点

1. 正确对待成功和失败。

2. 在知行统一中体验成功。

导入新课

从头再来

“昨天所有的荣誉，已变成遥远的回忆。勤勤苦苦已度过半生，今日重又走进风雨”。“心若在，梦就在，天地之间还有真爱。看成败，人生豪迈，只不过是从头再来。”这首歌曲告诉我们，面对人生道路上的成败要保持良好的心态，就如同歌词中说的那样：“看成败，人生豪迈，只不过从头再来”。为什么人生道路上必然会遇到失败和挫折呢？我们应该怎样提高人生发展能力，实现人生成功呢？

讨论：人生发展不可能时时处处都顺心如意，当遭遇失败挫折或陷入低谷时，我们应该像歌曲中表达的那样，客观看待成败，认真总结得失，在此基础上知行统一、勇于实践，就一定会取得人生道路上的成功。

一、坚持实践和认识的统一

1. 实践是认识的基础，实践出真知

认识是人脑对客观世界的反映。正确反映客观事物及其规律的认识，即正确的认识。

实践是人们改造客观世界的物质性活动，实践是认识的基础，是一切科学知识的来源。实践的特点有三点：客观性（物质性）、意识性（能动性）、社会性（历史性）。

人的认识能力是通过大量的认识活动表现出来的，也是在认识活动中锻炼和提高的。那么人的正确思想、认识是从哪里来的？是怎样形成和发展的？这就不能仅仅从认识本身寻求答案，必须从与认识密切相关的社会实践活动中寻找答案。我们必须看到，人无论是形成正确的认识，还是提高自己的认识能力，都不可能离开实践。

为什么实践会对人的认识产生重要的决定作用呢？这要从什么是实践、它有什么样的特点入手。实践活动的形式是多种多样的，工人做工、农民种田、渔民捕鱼、猎人狩猎，这些都是自有人类历史以来最基本的实践活动。

小故事

陶行知改名

著名教育家陶行知原名陶文俊。在大学求学时期，由于受王守仁的“知是行之始”

的影响，他把自己的名字改为“陶知行”。后来，他在实践中总结出“教学做合一”的教育方法，主张从实践中、从做事中去学习真知识。有一次演讲后，有人在他征求意见的本子上写道：“先生相信行是知之始，为何仍名为知行？”他看后不但不生气，反而毅然将自己的名字改为“陶行知”。

提示：陶行知先生改名的故事启示我们，要正确处理知行关系，在实践与认识相互作用和统一的过程中体验成功快乐。

随着社会的进步，不断有新的实践活动产生出来。在现代，人们从事实践活动的领域越来越广，科学家进行科学实验，企业家管理现代企业，商业人员从事市场营销，IT行业的人员设计电脑程序，国家公务员从事公共管理，司法人员办案，以及教师讲课，医生治病，演员表演，等等，都属于实践活动。

人们实践活动的形式多种多样，但仔细分析，它们都有共同的特点。在研究实践的基本特点时，首先要看到，实践是人类所特有的活动，它与动物消极适应自然的本能活动有根本的区别。我们可以通过对比来认识人的实践活动，如建造楼房与动物的本能活动筑巢，究竟有哪些本质的不同。

人的实践活动，从简单的到复杂的，都是在意识指导下的有目的的活动。自然界不能满足人，人决心以自己的行动改变世界。人们在实践中变革客观事物，就是把原有的东西改造为新的东西，创造了新的东西，达到自己的目的。因此，就要求人们认识事物的本质和规律，这和动物的本能活动是根本不同的。只有认识了事物的本质和规律，人才能在实践之前提出正确的计划和方案。由此可以看出，实践是人的有意识、有目的、能动性的活动。

农民盖茅草房，先要有个打算和安排。修建现代建筑要先有设计和图纸。现代的建筑不但要符合力学原理，还要符合艺术和美学的要求，并且要求越来越高。这说明人的实践是人的有意识、有目的的活动，但更重要的，实践是客观的物质性的活动。这是实践区别于认识、高于认识的显著特征。人的思维活动也是能动性的活动，但思维本身不能改变事物。而实践不同，实践是人们变革客观事物的活动，它必然引起客观对象的变化。如果说，认识的过程是客观见之于主观的过程，即客观事物反映到人的主观头脑当中的过程，那么，实践则是主观见之于客观的过程，即人运用一定的实践手段把实践的目的、方案等付诸实施，引起客观对象变化的过程。所以，实践既是人所特有的有目的的自觉活动，又是人所特有的对象性、物质性的活动。

重点提示

实践出真知，实践是认识的唯一源泉；实践的发展推动认识的发展。

2. 在实践基础上形成的正确认识能更好地指导实践

实践对认识的形成、发展起着根本的决定性作用。实践是认识的来源，人的正确思想只能从实践中来。这是因为：

第一，实践不断产生出认识的需要。人类的实践是由低级向高级不断发展的，实践的发展不断给人们提出新的认识课题，才使认识不断产生，并由低级向高级不断发展。人们面对客观世界，先认识什么后认识什么，不是任意规定的，归根到底是由实践的需求决定的。

在古代，由于畜牧业、农业、航海业发展的需要，促进了天文学、数学的发展。在近代，由于技术工业发展和资产阶级发动战争的需要，推动了物理、化学等的发展，更把科学推向前进。由于现代社会化大生产的需要，产生了控制论、信息论、系统论以及高能物理、基因技术等许多新的学科。

第二，实践的发展不断提供出新的认识工具和认识手段。人的感觉器官和思维器官的能力是有限的，要不断地认识世界，就需要新的工具和手段。人类实践的一个重要特点是制造和使用工具来改造世界，实践的工具同时也是认识客观事物的工具。随着实践的发展，人们还制造出了主要用于认识的工具，如望远镜、显微镜、雷达、电子计算机、人造卫星等，使人类的认识领域一方面深入到微观世界；另一方面又扩大到宇宙天体。

第三，人参加变革现实的实践使认识成为现实，并不断提高着人的认识能力。认识是人脑对客观事物的反映，人们只有在实践中同客观事物反复作用，变革客观对象，使对象的各种特性暴露出来，才能透过纷繁复杂的现象深入到事物内部，认识其本质和规律。就像要学会游泳必须下水一样，要想了解一个人，就必须多同他交往，要想认识复杂事物，就必须投身于变革这一事物的实践中。变革现实的实践还不断锻炼和提高着人的认识能力，使人不断积累知识和经验。

总之，人的认识既不可能从天上掉下来，也不可能从自己的头脑里主观自生，只能从社会实践中产生和发展。实践出真知，实践是一切科学知识的来源。我们要获取知识就必须投身社会实践，在实践中锻炼能力，增长才干。

我们要理解实践与认识的辩证关系。一方面实践决定认识。实践是认识的来源；实践是认识发展的动力；实践是检验认识正确与否的唯一标准；实践是认识的目的。

另一方面，认识对实践有反作用，正确的认识能够指导实践。

例如，人们根据法拉第、赫兹和麦克斯韦等科学家创立的电磁理论发明了无线电报、电话、电视、卫星遥感技术及现代互联网技术等，大大地改变了人们的生活方式；又如，人们根据万有引力规律和宇宙速度理论将人造地球卫星、宇宙飞船、航天飞机等送上了太空，为人类探索宇宙的奥秘做出了巨大的贡献。

认识是在实践中产生和发展起来的，又要回到实践中去指导实践，在实践基础上形成的正确认识能有效地指导实践，这说明在实践基础上形成的正确认识能更好地指导实践。

人的认识是没有止境的。已经形成的某一具体的理性认识，只能是对物质世界的某一层次或某一方面的认识，是对事物的某一发展阶段的认识。实践在发展，要求人的认识要不断地深化、不断地扩展，要随着客观事物的进程向前推移。

3. 认识是在实践基础上不断反复、不断深化的过程

我们必须知道，认识具有反复性和无限性，认识的形成，是一个辩证的发展过程，也就是：实践→认识→再实践→再认识→……循环往复，以至无穷。

在生产实践和处理社会关系实践的基础上，随着社会分工的发展，不断有新的实践形式产生出来。比如教育实践活动、艺术实践活动、医疗实践活动、科学实践活动，等等。特别应当受到重视的是科学实践活动，它以观察、实验和科学研究自身建设等为主要内容，对社会的发展，特别是对现代生产力的发展起着巨大的推动作用。科学实验是科学实践的最重要的形式，是科学工作者在科学理论的指导下，按照一定目的，运用特殊的设施和手段，去探索事物规律性的活动。

实践与认识辩证关系的原理要求：首先要积极参加社会实践；其次要在实践中不断总结反思，提高认识水平；最后要正确处理学习科学知识和投身社会实践的关系。

小故事

《本草纲目》是我国明代医药学家李时珍花费了 27 年时间才写成的科学巨著。在 20 多年里，他不但阅读了 800 多部书籍，积累了上千万字的札记材料，而且历尽千辛万苦，亲自采集药物标本，收集民间单方、验方。全书共收集药物 1 892 种，药方 11 000多个。52 卷的皇皇巨著，就是通过他自己的亲自实践和学习，将一种种药物、一个个药方积累起来的。因此李时珍被后人尊称为“药神”。

思考：“药神”成功的事例，体现了认识的过程是怎样的？

人们对事物的正确认识往往需要经过从实践到认识、再从认识到实践的多次反复才能完成，而从实践和认识之每一循环的内容过程，都比较地进到了高一级的程度。

重点提示

实践和认识是辩证的统一，认识与实践相结合是马克思主义的一个基本原则。

小故事

纸上谈兵

《史记》记载：战国时期，赵国大将赵奢有一个儿子叫赵括，从小熟读兵书，爱谈军事，别人往往说不过他。他因此很骄傲，自以为天下无敌。然而赵奢却很替他担忧，认为他不过是纸上谈兵。果然，公元前259年，秦军来犯，廉颇为统帅，秦军难以取胜。于是秦王施行了反间计，赵王上当受骗，派赵括替代了廉颇。赵括却死搬兵书上的条文，导致40多万赵军尽被歼灭，他自己也被秦军箭射身亡。

提示：通过赵括熟读兵书却打败仗的事例，说明坚持实践和认识统一的重要性。

我们不能割裂实践和认识两者之间的关系。马克思主义认识与实践相统一的基本原则要求我们，既要积极参加社会实践，又要在实践中不断总结反思，提高认识水平。

小故事

“蓝领专家”孔祥瑞语录

- 生产现场就是课堂，同事就是我的老师。
- 我最欣赏的广告语是：“劳动创造美好未来”。
- 干一行、爱一行、学一行、钻一行，一个人仅有工作热情还不够，必须要有知识，做知识型员工是我的追求。
- 多先进的设备，都需要工人来操作；多先进的设备，也有不完善的地方。
- 个人魅力，首先是责任，然后是精神，能力是很重要，但对企业负责、不断进取更重要。

提示：

1. 实践是认识的基础。“劳动创造美好未来”“生产现场就是课堂，同事就是我的老师”，表明劳动模范立足岗位，投身实践。

2. 实践和认识相统一，要求既要参加社会实践，又要学习书本知识。“一个人仅有工作热情还不够，必须要有知识，做知识型员工是我的追求。”

4. 从感性认识到理性认识

在人们投身实践、变革客观事物的过程中，通过观察活动，事物的各种属性、特点就会通过人的感官（眼、耳、鼻、舌、身）以及作为感官放大和延长的观察工具（望远镜、显微镜、现代传感装置等）反映到人的头脑中来。例如，同学们刚刚进入学校学习时，学校的校园、设施，老师的讲课，学生的活动等，都会引起你的注意，产生这样那样、或深或浅的印象。这些通过人的感觉器官产生的对客观事物的认识，反映的是客观事物的现象。这种对事物现象的认识属于感性认识。随着实践的深入，人们在实践中所积累的感性认识会逐渐增多，再经过大脑思维的作用，就会产生认识上的飞跃，形成对事物本质和规律的认识。例如，经过一段时间的学校生活，你会对学校的办学质量、教学水平等作出认识的结论。这种认识已经不是单凭感官就能作出的，它所反映的已经不是事物（例如学校）的表面现象。这种对事物本质的认识属于理性认识。

人们在实践中通过观察获得大量的、可靠的感性认识是非常重要的。没有周密细致和全面的观察，就不可能为大脑的思维提供可靠的基础。很多作出伟大贡献的科学家都非常重视通过观察搜集各种必要的感性认识的材料。

感性认识虽然是认识过程的必经阶段，但它形成的认识成果是初级的，还不能反映事物的本质。认识的真正任务，是经过感性认识上升到理性认识，也就是由对事物现象的认识上升到对事物本质和规律的认识。

为什么必须把感性认识上升为理性认识呢？因为，感性认识虽然是认识必经的阶段，但它只是认识的低级阶段，它只能把握事物的外部特征和外部联系，不能揭示事物的内在本质和内部联系。认识的目的在于指导实践。正确的感性认识在日常生活中的作用“功不可没”，但对于指导复杂一点的实践，就不够用了。因此，必须在感性认识的基础上运用理性思维对现象进行分析，得出理性认识来把握事物的本质和规律。

理性认识是认识的高级阶段。理性认识是人借助于抽象的思维对感性认识材料进行加工、整理、概括而形成的关于事物的本质、事物的全体和事物的内部联系的认识。理性认识一般是用概念、判断和推理来表达的。理性认识虽然没有感性认识那样生动、直观，但它深入到了事物内部，抓住了事物与事物的内在联系，能够解释许多现象，因此比感性认识要深刻得多。正确的理性认识对人类的实践活动有重要的指导作用。

重点提示

毛泽东把人脑对感性材料的加工制作概括为“去粗取精、去伪存真、由此及彼、由表及里”16个字，这是非常精辟的。

去粗取精，指的是对已经搜集到的大量感性材料进行分析、筛选，抓住主要的能够说明问题本质的现象，舍弃与本质无关的或次要的现象。

去伪存真，指的是对感性材料进行分析、鉴别，如果其中有虚假材料必须去除，否则就会得出歪曲事物本质的结论。

由此及彼，指的是对大量个别的感性材料联系起来思考，从总体上进行研究，特别要注意把看起来毫不相干的现象联系和统一起来，发现其中的规律性。

由表及里，指的是透过表面的现象发现事物内在的联系、内在的规律性，也就是透过现象看本质，这是最重要的。

二、在知行统一中提高人生发展能力

1. 提高人生发展的能力对实现成功人生具有重要作用

能力是人们运用各种知识和智力认识事物、解决问题的本领。构成现代人才体系的三大能力有：学习能力、思维能力、创新能力。

对于每个人来说，人的能力是由人自身的学习能力决定的。对中职生而言，人生发展能力的高低，不仅决定着现实的学业水平，而且是今后事业成功、生活幸福的决定性因素。

小故事

齐白石是我国现代书画家和篆刻家。但他原是一位雕花木工，只在余暇学画和篆刻。27岁那年，他的人生出现了重大转折。1889年春节的一天，当地书画家给齐白石出了个画题让他完成。看到齐白石的作品，会琴棋书画、诗词歌赋又喜结交朋友的秀才胡沁园先生十分惊喜，遂收他为徒。他教齐白石读唐宋诗词，并引导他看书。齐白石非常珍惜这个机会，常常读到深夜。经过苦读，齐白石背熟了唐诗三百首，还研读了不少古文，浏览了许多古典名著。他作的诗也别具一格，具有唐风宋骨的韵味。胡沁园从“立意”“用笔”等基本功入手教授齐白石，还把自己珍藏的古今名画借给他观摩。齐白石眼界大开，他揣摩“八大山人”的作品，临摹、领会其用笔之妙，吸取百家之长，绘画技艺突飞猛进，不足一年就掌握了山、水、人、物、花、鸟的基本画法和技巧。

在老师的言传身教下，他苦练书法和刻印。短短几年时间，齐白石在绘画、篆刻、吟诗、书法、装裱等方面都取得了惊人的成绩，成为名满天下的书画家。由于齐白石的不懈努力，不断提升了自己的发展能力，最终使自己从一位普通的雕花木匠转变成名满天下的书画家。

在人生发展的道路上，每个人只要在实践中不断反思、不断提升自己的发展能力，勇于实践，踏实肯干，持之以恒，最终就会像齐白石一样取得人生发展道路上的成功。

2. 人生发展的各种能力是在实践和认识循环往复的过程中不断锻炼提高的

人生发展的各种能力是在实践和认识循环往复中不断锻炼提高的。只有在实践中不断学习，做到知行统一，才能不断提高，走向成功。知是行的要求，知而不行，知就会丧失意义；行受知的指导，行而不知，行就会变得盲目。

小故事

美国发明家爱迪生是铁路工人的孩子，小学未读完就辍学，在火车上卖报度日。爱迪生是一个异常勤奋的人，喜欢做各种实验，制作出许多巧妙机械。他对电器特别感兴趣，自从法拉第发明电机后，爱迪生就决心制造电灯，为人类带来光明。爱迪生在认真总结了前人制造电灯的失败经验后，制订详细的试验计划，分别在两个方面进行试验：一是分类试验 1 600 多种不同耐热的材料；二是改进抽空设备，使灯泡有高真空度。他还对新型发电机和电路分路系统等进行了研究。

爱迪生将 1 600 多种耐热发光材料逐一地进行试验，唯独白金丝性能良好，但白金价格贵得惊人，必须找到更合适的材料来代替。1879 年，几经实验，爱迪生最后决定用炭丝来做灯丝。他把一截棉丝撒满炭粉，弯成马蹄形，装到坩埚中加热，做成灯丝，放到灯泡中，再用抽气机抽去灯泡内的空气，电灯亮了，竟能连续使用 45 个小时。就这样，世界上第一批炭丝白炽灯问世了。

思考：爱迪生发明电灯的故事，启发我们应该如何提高人生发展的各种能力？

重点提示

科学理论是理性认识的重要表现形式，它对人们的社会实践有巨大的指导作用。比如邓小平指出："科学技术是第一生产力。"这是根据大量事实概括出的科学真理，对我国发展科学技术、促进生产力的发展有十分重大的指导作用。

3. 提高人生发展的能力需要做到知行统一

每一个成功人士都是在实践中不断学习，做到了知行统一的。在知行统一的过程中，要注意知与行不能割裂，知而不行，只说不做，知就会丧失意义；行受知的指导，行而不知，就是盲动，效果势必受影响。

三、成功与失败伴随人生的发展

1. 成功与失败是相互依存、相互转化的

人人都希望成功，但失败在人生道路上是不可避免的，每个人在一生中都会经历无数次的失败。我们要以良好的心态对待失败，要明白失败与成功是相互依存、相互转化的。

成功意味着事业或人身发展获得预期的结果，会带来事业的成就和对社会的贡献；而失败则意味着事业或人生发展遇到挫折，会带来事业上的损失和情绪上的沮丧。两者有根本的不同。没有成功，就无所谓失败；没有失败，也就无所谓成功。人能否取得成功，不在于是否有过失败，而在于由这些失败总结出来的经验有无价值。

各抒己见

蒲松龄——→落第——→写出《聊斋志异》。

爱迪生——→8 000 多次的失败——→发明电灯泡。

袁隆平——→无数次的失败——→成为"杂交水稻之父"。

思考：

1. 你还知道哪些名人在事业成功的道路上经历了失败的故事？
2. 说一说你自己失败与成功的经历。

2. 对待成功和失败要有正确的态度

失败孕育着成功，成功常常是从失败中发展而来的；失败又造成了成功，失败是通向成功的途径；同时成功背后隐藏着危险和失败，如果沉醉于一时的成功而洋洋自得，甚至故步自封，就不会获得更大的成功，甚至会导致失败。

小故事

失败是一种财富

有一个步行的人，因为路不平而摔了一跤，他爬了起来，可是没走几步，一不小心又摔了一跤，于是他便趴在地上不再起来了。有人问他："你怎么不爬起来继续走呢？"那人说："既然爬起来还会跌倒，我干吗还要起来，不如就这样趴着，就不会再摔了。"这样的人，你一定认为他很可笑，但我们在生活中遇到困难、失败时，却经常会像这个人一样，因为摔怕了，就不敢再起来继续往前走，因而也就永远无法到达目的地。而人正是由于不断地经受磨难，才能变得更坚强。你从失败中学到的东西，远比你从成功的经验中学到的东西要多得多。

提示：既然认识具有反复性、无限性和上升性，人们认识事物、处理问题就必然会出现反复、遭遇挫折乃至失败。因此，我们既要正视失败、承认失败，更要冷静全面地分析失败的原因，学会让失败成为成功之母。

成不骄，败不馁。成功了不能沾沾自喜，更要看到存在的不足，要认真总结经验，相信成功永无止境，去争取更大的成功；失败了也不要灰心丧气，而是要认真反思，找出失败的原因，把失败看成走向成功的阶梯，从失败中吸取教训，以利再战。

名人名言

为了追求幸福而努力，为了实现梦想而奋斗，即使失败，也不悔今生。因为我毕竟试过了，行动过了。

——贝多芬

失败也是我所需要的，它和成功对我一样有价值。只有在我知道一切做不好的方法以后，我才知道做好一件工作的方法是什么。

——爱迪生

没有播种，何来收获；没有辛苦，何来成功；没有磨难，何来荣耀；没有挫折，何来辉煌。

——佩恩

故天将降大任于斯人也，必先苦其心志，劳其筋骨，饿其体肤，空乏其身，行拂乱其所为，所以动心忍性，增益其所不能。人恒过，然后能改。困于心，衡于虑，而后作。征于色，发于声，而后喻。入则无法家拂士，出则无敌国外患者，国恒亡。然后知生于忧患而死于安乐也。

——孟子

思考： 你将以什么态度对待成功与失败？

提示： 对待失败与成功的正确态度与做法：正视失败，分析原因，排除问题，获得成功；努力尝试，大胆实践，获得新的成功。

3. 正确对待人生发展道路上出现的失败，学会让失败变为成功之母

第一，要想让失败转化为成功，首先要正视失败，承认失败，然后分析失败，把失败的原因找出来，排除它。

第二，要想让失败转化为成功，更重要的是要切实加强学习，提升素质，增强能力，提高本领，拿出埋头苦干的实际行动。

对于中职生来说，要学会运用哲学思考来解决现实问题，不怕挫折，勇于奋斗，才能取得成功。

各抒己见

甲同学多次求职遭到失败，但他并不气馁，认真查找原因、虚心向人请教求职方法与技巧，终于找到了工作。他对待工作爱岗敬业、踏实肯干，得到了单位认可。

乙同学经历了几次求职失败后，就灰心丧气、失去信心，不肯再出来找工作了。他在家终日与电脑为伴，过起了“啃老”的日子。

思考： 甲、乙两位同学分别怎样对待求职失败？我们可以从中得到哪些启示？

四、在知行统一中体验成功

人的实践水平之所以能不断提高，是因为每一代人都能学习和接受上一代人从实践中获得的知识。人类在实践探索的过程中，积累了很多的经验，既有成功的经验，也有

失败的经验。比如在近代历史上，不少人曾花了很多的心血研究永动机，设计了许多方案，都失败了。后来，由于力学研究的进步，从科学上证明了永动机是不可能的。如果我们不学习前人的知识和经验，还要重新实验永动机，只能是徒劳无功，浪费时间和精力。

我们不仅要重视学习，还要学会学习。从一定的意义上说，学习也是实践，学习也有自身的规律性。青年学生要有意识地培养和提高自己的学习能力，应当把学习知识的过程同提高学习能力的过程很好地统一起来。因为，每个人在学校学习的时间毕竟是短暂的，现代实践飞速发展，新知识、新问题层出不穷，仅靠在学校学习的知识是远远不够的。如果在青年时期培养了良好的学习能力，就能终身受益。

在学校期间，一方面，我们必须勤于学习，掌握现代科学文化知识，这是实现人生成功的重要前提，没有过硬的本领，成功无从谈起；另一方面，必须积极投身实践，在实践中锻炼能力增长才干，这是实现人生成功的必由之路。

我们必须把学习书本科学知识和积极参加社会实践有机结合起来，这是实现人生成功的关键。所以，我们必须在实践与认识相互作用和统一的过程中体验成功快乐，这是实现人生成功的必然要求。

各抒己见

有的同学说自己只要考试成绩好，考上好大学，将来就一定会取得事业上的成功。这个观点是否正确？为什么？

知识梳理

一、坚持实践和认识的统一

1. 实践是认识的基础，实践出真知

2. 在实践基础上形成的正确认识能更好地指导实践

3. 认识是在实践基础上不断反复、不断深化的过程

4. 从感性认识到理性认识

二、在知行统一中提高人生发展能力

1. 提高人生发展的能力对实现成功人生具有重要作用

2. 人生发展的各种能力是在实践和认识循环往复的过程中不断锻炼提高的

3. 提高人生发展的能力需要做到知行统一

三、成功与失败伴随人生的发展

1. 成功与失败是相互依存、相互转化的

2. 对待成功和失败要有正确的态度

3. 正确对待人生发展道路上出现的失败，学会让失败变为成功之母

四、在知行统一中体验成功

1. 必须终身勤于学习，掌握现代科学文化知识

2. 必须积极投身实践，在实践中锻炼能力、增长才干

3. 必须把学习书本科学知识和积极参加社会实践有机结合起来

4. 必须在实践与认识相互作用和统一的过程中体验成功的快乐

思考题

1. 简述实践和认识的辩证关系。

2. 简述辩证唯物主义知行统一观的基本观点。

3. 简述马克思主义的认识论的主要内容。

4. 如何才能做到知行统一？

课后练习

参考本节课所学内容，查找自身在知行统一方面的不足，制定一份合理可行的学习与行动计划并付诸实施。

案例分析

戴嵩画牛

相传唐朝著名画家戴嵩善于画牛。他精心绘制了一幅《斗牛图》，被人们视为珍品。一次，这幅画的收藏者把它拿出来晒，恰巧被一个牧童看到了，牧童不禁哈哈大笑。藏主问他为什么发笑，牧童答道："牛在角斗时，尾巴总是夹在两腿中间，绝不会翘起来。这画上的牛尾巴翘得像一根竖起来的棍子，叫人不由得发笑。"

分析：实践出真知，实践是认识的唯一来源。人的认识不能离开社会实践。戴嵩是一位画坛高手，但他对牛的习性的了解还不如一个小牧童，因为他对牛的习性的实践观察不如牧童深入。

实践拓展

参加“我的中国梦、彩虹人生”实践服务团活动

某中职学校响应上级教育行政部门和团委的号召，组织学生在暑假期间参加“我的中国梦、彩虹人生”实践服务团活动，包括组织学生在校内外开展敬老助残、关爱留守儿童、社区服务、公益宣传等各种形式的志愿服务活动。

建议：以环保公益类社团为重点，组织学生开展“光盘行动”、废品回收利用、节能减排宣传、工艺创新等活动。希望学生通过参加活动，增长见识，增强社会责任感，锻炼才干。

提示：实践出真知。中职生要健康成长，必须注重理论与实践的有机结合，既要重视书本科学知识，又要积极参加社会实践。

第八课

现象本质与明辨是非

学习目标

1. 认知：了解现象和本质的辩证关系；理解明辨是非对提高人生发展能力的作用。

2. 情感态度观念：是非分明，明确树立正确的是非观对人生发展的重要性。

3. 运用：学会分析判断现实生活中的是与非，掌握透过现象看本质的方法。

学习重点

1. 掌握透过现象认识本质的方法。

2. 识别假象，把握本质，明辨是非。

学习难点

1. 现象表现本质具有多样性与复杂性。

2. 能够明辨是非，识别假象。

导入新课

春秋时期，楚国有一个商人，专门卖珠宝。有一次他到齐国去兜售珠宝，为了招揽顾客，使珠宝能畅销起来，他特地用名贵的木料，做成了许多小盒子，并把盒子雕刻装饰得非常精致美观，然后把珠宝装在盒子里面。有一个郑国人，看见装珠宝的盒子这么漂亮，问明了价钱后，就买了一个，打开盒子，把里面的宝物拿了出来，退还给珠宝商，自己把盒子抱走了。

讨论：这个成语比喻有些人只注重事物的外部现象，不看重其内在的本质。

一、透过现象认识本质

世界上任何事物都有自己的现象和本质，是现象和本质的统一体。事物的现象和本质是对立统一的辩证关系。

1. 现象和本质是对立的

现象是事物的表面特征和外部联系，是事物个别多变的东西，可以由人的感觉器官直接感知。本质则是事物的根本性质，是同类现象中一般的东西，是事物相对稳定的内部联系，只能由人的理性思维去把握。

任何现象都是本质的表现。现象尽管多种多样、纷繁复杂，但都是由本质决定的，都是本质的外部表现。

任何本质总要通过现象表现出来。现象表现本质具有多样性与复杂性，而且现象有真相假象之分。我们必须明确，真相是从正面直接表现本质的现象；假象是从反面歪曲地表现本质的现象。

人的认识能力的高低，突出地表现在能透过现象看本质。光看一大堆现象，总是停留在表面上，不能深入到事物的内部，这既不能科学地认识事物，也不能正确地解决问题。为此，我们必须学习现象与本质之间既对立又统一的关系，掌握透过现象看本质的方法。

现象和本质作为事物的两个不同的方面，它们确实是相互区别、相互对立的。正因为现象不直接等同于事物的本质，我们才需要研究事物，需要把感性认识上升为理性认识。如果现象和本质是直接合而为一的，一切科学就成为多余的了。

首先，现象是表面的、外露的，一般来说是能被感官直接感知，看得见摸得着的；而本质是现象之间的内在联系，是事物的根本性质，它是看不见、摸不着的，只能凭抽象的思维来把握。我们认识事物只能从看得见、摸得着的现象出发，但不能认为认识了现象即认识了本质。因为大千世界，现象与本质的关系是非常复杂的，有的相同的现象隐藏着不同的本质，有的不同的现象却是同一本质的表现，因此，所谓不要只看现象不看本质，说的就是这个道理。

其次，现象是大量的、个别的，是事物本质多方面的具体表现。而本质则是同类现象中一般的、共性的东西。现象比本质丰富、生动，本质比现象普遍、深刻。

最后，现象是多变的和易逝的，有较大的流动性，而本质则是相对稳定的。

各抒己见

“我看到了苹果落地，怎么没看到万有引力？”

分析：“苹果落地”是现象，可以通过我们的眼睛观察到。“万有引力”是本质，只能由人的理性思维去把握。

2. 现象和本质是统一的

现象和本质既是对立的，又是统一的，尽管不能把现象直接看成本质，但也要承认，现象总是从特定的方面表现事物的本质的，它的存在和变化是以本质为依据的。

本质决定现象，现象表现本质，这是现象与本质的辩证法。现象和本质之间的统一性为我们透过现象认识本质提供了可能性。

现象和本质的对立，说明了科学研究的必要性。它告诉我们对事物的认识不能停留在表面现象上，认识了事物的现象不等于认识了事物的本质。

现象和本质的统一，说明了科学研究的可能性，表明我们可以通过分析事物的现象达到对事物本质的认识。

现象和本质两者紧密相连，任何现象都是本质的表现，本质总要表现为现象。现象尽管多种多样、纷繁复杂，但都是由本质决定的，都是本质的外部表现。比如：我们说班里哪个同学品质不错，往往是通过他的言谈举止表现得出结论的。同样的道理，一个人的每一个言行都从不同方面不同程度上表现了他的品质。

3. 现象表现本质具有多样性和复杂性

现象包括真相和假相。真相是从正面直接表现本质的现象。假象是从反面歪曲地表现本质的现象。它们都是对事物本质的表现，都是客观的。不能把真相当做正确的来认识，也不能把假象当做错误的来认识。

例如，成语“声东击西”指的是什么意思？“声东击西”是说事物的现象有真假之别，“声东”是假象，“击西”是真相，其本质是迷惑敌人，保存自己。又如，“欲擒故纵”“围魏救赵”“项庄舞剑”“明修栈道，暗度陈仓”“不识庐山真面目，只缘身在此山中”，等等，亦同属此理。

4. 现象和本质关系原理的指导意义

现象和本质的对立，说明了科学研究的必要性。它告诉我们对事物的认识不能停留在表面现象上，认识了事物的现象不等于认识了事物的本质。

我们怎样才能在复杂的现实生活中做到透过事物的现象认识其本质呢？

第一，要全面地把握事物的各种现象。切忌仅仅看到一些局部的、个别的现象，就轻率地对事物的本质下结论。

第二，要开动思想机器，对大量的现象以及它们之间的相互关系进行科学的分析和研究，下一番辩证思考的功夫。

透过现象认识本质的过程，其实也就是前面讲过的把感性认识上升到理性认识的过程，这两个过程是一致的，因此使用的方法也是一致的。把感性认识上升到理性认识所使用的“去粗取精、去伪存真、由此及彼、由表及里”的分析方法，对于透过现象认识本质也是完全适用的。

小故事

公元 2 世纪，天文学家托勒密主张地心说，认为地球是宇宙的中心，太阳、月亮以及其他天体都在绕着地球转动。这种错误的宇宙观在欧洲统治了 1 000 多年，直到后来波兰天文学家哥白尼经过长期观测、研究，写出了《天体运行论》，才第一次透过现象，正确地揭示了地球和其他行星围绕太阳旋转的本质和规律。

各抒己见

毛泽东说：我们看事物必须要看它的实质，而把它的现象只看作入门的向导，一下子就要抓住它的实质，这才是可靠的科学的分析方法。

1. 为什么“看事物必须要看它的实质”？
2. 为什么“要把现象作为入门的向导”？

二、在认识事物本质的过程中提高人生发展能力

人的认识能力的高低突出表现在能否透过现象把握本质上。在现实生活中，面对同样的问题，有人只能看到一些现象却不会把握其实质。而人的认识能力的高低，直接影响到人们能否科学地认识事物、正确地解决问题。那么，我们如何才能努力做到透过现象把握本质呢？

1. 要深入实际，反复实践，全面把握事物的各种现象

现象是入门的先导，认识事物只能从认识它的现象开始。要做到透过现象认识本质，就必须全面地占有丰富的、大量的感性材料，综合事物的各种现象，不能道听途说，不能仅仅看到一些局部的、个别的现象，就轻率地对事物的本质下结论，更不能被事物的假象所蒙蔽。

各抒己见

常言道“眼见为实”，亲眼所见的现象都是真实可靠的吗？为什么？

2. 要充分发挥主观能动性

运用科学思维方法，对大量的现象以及它们之间的相互关系进行科学的分析和研究，做到“去粗取精、去伪存真、由此及彼、由表及里”。

小故事

孔子在周游列国时，有一次往东方的一个地方去，半路上看见有两个10岁左右的小孩在路边为一个问题争论不休，于是他就让马车停下来，走到跟前去问他们：“小朋友，你们在争辩什么呢？”

其中一个小孩先说道：“我认为太阳刚出来的时候离我们近一些，中午时离我们远些。”另一个小孩的看法正好相反，他说：“我认为太阳刚升起来时远些，中午时才近些。”先说的那个小孩反驳说：“太阳刚出来时大得像车盖，到了中午，就只有盘子那么大了。这不是远的东西看起来小，而近的东西看起来大的道理吗？”另一个小孩自然也有很好的理由，他说：“太阳刚升起来时凉飕飕的，到了中午，却像是火球一样使人热烘烘的。这不正是远的物体感到凉，而近的物体使人觉得热的道理吗？”

两个小孩不约而同地请博学多识的孔子来做“裁判”，判定谁是谁非。可这个看似简单的问题却把能言善辩的孔老先生也难住了，因为当时自然科学还不发达，很难说明俩小孩所执理由的片面性，也就不能判断他们的说法谁是谁非了。

思考：究竟什么时候太阳离我们近一些？是不是仅凭我们的眼睛去观察就能得出结论呢？

提示：要掌握透过现象把握本质的方法，必须要掌握丰富的、合乎实际的现象，并对这些现象进行科学的分析和研究，才能得出正确的结论。

重点提示

我们一方面要深入实际，反复实践，全面把握事物的各种现象，因为现象是入门的先导，认识事物只能从认识它的现象开始；另一方面，要充分发挥主观能动性，运用科学思维方法，对大量的现象以及它们之间的相互关系进行科学的分析和研究。

三、明辨是非是做人的基本条件

1. 明辨是非的内涵

明辨是非，顾名思义，是指辨别清楚事情的正确或错误。在现实生活中存在是非混杂、鱼目混珠、真假混淆的情况，所以必须做到明辨是非。

例如如下生活中的情境：

（1）上课时，好友小丁邀你去网吧玩游戏。

（2）朋友请你吃糖（实际是软性毒品），并帮他贩卖。

（3）有人向你出售黄色书刊。

（4）为了上网，朋友要你帮忙向低年级同学勒索。

（5）星期六，朋友邀你搓麻将赌博。

（6）有人向你散发“传销”材料，并邀你加入。

（7）一名经常上网的学生说：“自己也知道老上网不好，花钱费力，可上网有瘾，自己管不住自己，老是想着惦着。”

各抒己见

应该怎样正确处理同学间的关系？与朋友交往的标准是什么？树立正确的是非观对个人成长有什么重要性？

2. 明辨是非、认识事物的本质对个人发展的重要性

明辨是非，是做人的基本条件。只有明辨是非，区分善恶，辨析真假，才能决定自己应该做什么，不应该做什么，才能抵制诱惑，扬善抑恶，做一个正直善良、遵纪守法的人。

明辨是非、认识事物的本质对个人发展有重要作用。要做到明辨是非，需要我们明确判断和衡量是非的标准，这就是遵纪守法。

明辨是非，对中职生来说，最重要的就是遵守公民基本道德规范，自觉养成遵纪守法的好习惯。

四、识别假象，把握本质，明辨是非

1. 要提高透过现象认识本质、透过假象认识真相的自觉性

信息技术的发展，带来了生产力的迅速发展，极大地丰富和活跃了人民的生活，然而有一些人却利用先进的信息技术手段进行各种违法犯罪活动，利用信息网络传播不健康的内容，污染了网络文化环境，影响着未成年人的身心健康。例如，中职生应明辨是非，抵制庸俗的、低级的网络诱惑，做到文明上网。

2. 学会分析判断现实生活中的是与非，识别假象，明辨是非

我们要把握事物的本质，必须把现象作为认识入门的向导，不能停留在事物的表面现象上。我们看事情必须要看它的实质，抓住了实质，这才是可靠的、科学的分析方法。

3. 必须学会正确地区分真相和假象，不为假象所迷惑

假象是现象的一种，也是本质的表现，但它却是对本质的歪曲的表现，这就要求我们识别假象，提高透过假象认识本质的自觉性。

各抒己见

列举现实生活中的假象，说明把握事物的本质必须识别假象。

4. 必须明辨是非，在揭示事物本质的过程中不断提高认识事物的能力

在现实生活中存在不良诱惑，我们应自觉抵制各种不良诱惑。

（1）认清不良诱惑的危害：

1）不良诱惑损害人的身体，毒害人的心灵，危害人的身心健康。

2）不良诱惑使人不思进取，放弃美好追求，影响个人进步和发展。

3）不良诱惑使人无视法律的尊严，损害他人和社会，最终走上违法犯罪的道路。

（2）战胜不良诱惑的方法技巧：

1）避开诱因。把引起诱因的实物收藏起来，避开诱因；多积极参加集体活动，多与同学交流，主动地避开诱因。

2）学会拒绝。婉言谢绝来自朋友的邀请，提高自制力。

3）联想后果。遭遇不良诱惑时，想象不能抵制不良诱惑可能带来的恶果，以提醒自己远离不良诱惑。

4）培养良好的兴趣爱好。一个人有了良好的兴趣爱好，才不会觉得空虚、无聊，才会脱离低级趣味，远离不良诱惑。

5）专时专用。将自己可支配的时间进行周密合理的安排，专时专用，使自己的生活有序、充实，从而增强抵抗力。

6）请人监督。请同学、朋友、老师和家长等监督自己的行为。在他们的不断鼓励、鞭策下，战胜不良诱惑。

7）运用励志语句激励自己。如怯懦的人被不良诱惑征服，愚笨的人沦为不良诱惑的奴隶；勇敢的人敢于战胜不良诱惑，聪明的人总能想出各种办法抗拒不良诱惑，等等。

拒绝不良诱惑，需要我们结合自己的实际，用科学的态度、坚强的意志、清醒的头脑和正确的方法摆脱它们的干扰，避免其对自己的伤害。

各抒己见

如何提高透过现象认识本质、透过假象认识真相的自觉性？

知识梳理

一、透过现象认识本质

1. 现象和本质是对立的

2. 现象和本质是统一的

3. 现象表现本质具有多样性和复杂性

4. 本质与现象关系原理的指导意义

（1）本质与现象关系原理，给我们提供了认识事物的科学方法，对于科学研究和实际工作具有重要的指导意义。

（2）科学研究的任务（认识的根本任务）就是透过现象认识本质。

二、在认识事物本质的过程中提高人生发展能力

1. 要深入实际，反复实战，全面把握事物的各种现象

2. 要充分发挥主观能动性

三、明辨是非是做人的基本条件

1. 明辨是非的内涵

2. 明辨是非的作用和要求

四、识别假象，把握本质，明辨是非

1. 把握事物的本质，必须提高透过现象认识本质、透过假象认识真相的自觉性

2. 把握事物的本质，必须把现象作为认识入门的向导，不能停留在事物的表面现象上

3. 把握事物的本质，必须学会正确区分真相和假象，识别假象，不为假象所迷惑

4. 把握事物的本质，必须明辨是非，在揭示事物本质的过程中不断提高认识事物的能力

思考题

1. 简述现象和本质的辩证关系。

2. 如何运用透过现象看本质的方法？

3. 如何理解现象表现本质具有多样性与复杂性？

4. 科学的思维方法有哪些？

5. 如何做到明辨是非、识别假象？

小论文

一个人认识能力的高低，突出表现在能否透过现象看本质上，我们经常可以看到这种情况：面对同一个问题，不同的人有不同的看法。是看到了现象还是看到了本质，这体现出一个人认识能力的高低，它直接影响着人们能否科学地认识事物，正确地解决问题。因此，我们要提高人生发展能力，就要努力做到透过现象看本质。

联系实际，谈谈怎样才能透过现象看本质，不断提高人生发展能力。

实践拓展

常言道："耳听为虚，眼见为实。"但是学习了现象和本质的关系后，有的同学对

此产生怀疑，认为："耳听不一定为虚，眼见也未必为实。"那么，你是如何看待这两种观点的呢？

请分别以"耳听为虚，眼见为实""耳听不一定为虚，眼见也未必为实"为辩题，组织一次辩论会。

拓展练习

杨某是刚刚毕业的中职生，由于嫌学校推荐的工作挣钱少，迟迟不愿意上班，就在社会上游荡。一天，他与自己的几个朋友在大街上闲逛时，苦于手头紧，便产生了抢劫的念头。他们将一名骑摩托车的女子拦截后，对其拳打脚踢，搜身后，得到3.5元人民币，并迅速逃离现场。这些人当晚被派出所抓获。后经法院审理判决，杨某等犯抢劫罪，被判处有期徒刑四年六个月，并处罚金1 000元。听到这个消息后，人们纷纷扼腕叹息：为了区区3.5元，值得吗？

分析：

1. 杨某只抢劫了3.5元，为何被判四年六个月？请以"现象与本质的辩证关系"来正确认识这个问题。

2. 把握现象和本质的关系对我们认识和处理问题有什么意义？

3. 结合上述事例，说明我们怎样才能明辨是非，抵制诱惑，远离违法犯罪。

第九课

科学思维与创新能力

学习目标

1. 认知：了解科学思维对提高人生发展能力的作用。理解不断创新对提高人生发展能力的作用。

2. 情感态度观念：注重实践、勇于探索、科学思维、开拓创新。

3. 运用：掌握科学思维方法，提高创新能力，在学习和实践中不断创新。

学习重点

1. 辩证思维方法。

2. 培养学生科学的思维方法。

学习难点

1. 创新能力的培养。

2. 创造性思维的训练。

导入新课

古堡擒凶

在印度的塔尔沙漠，矗立着一座高大的古堡。近百年来，这座古堡不断发生商人和马队遭难的事件。凶手是谁？法医验尸，竟找不到任何伤痕，无奈，只好禁止在此地住宿。著名探险家乔治无视警告，夜宿古堡，亦遭不幸。人们“谈堡色变”，百思不得其解，连警方也束手无策，于是贴出布告用一万卢比重金招贤破案。

几年后，来了位叫比特利克的老人声称能破此案。他买了一个大铁箱，一只猴子，一副渔网。在乔治遇难的大厅里，他给猴子注射了麻醉药，放进张开的渔网内，自己钻进了大铁箱，手里紧握渔网。午夜，一团黑影从堡顶飞下，扑向猴子，一声惨叫，令人毛骨悚然，比特利克却不慌不忙地收紧了渔网，说：“凶手在此！”网内竟是一种奇怪的红蝙蝠。原来，它长着像钢针一样的嘴，扎入人脑，专吮脑汁，致人死亡。

这位老人怎么如此神通广大？原来他是剑桥大学生物学教授汤恩·维尔特，比特利克是他的化名。他观察研究红蝙蝠已有20多年的历史。难怪他胸有成竹，一举揭开古堡百年之谜。

讨论：汤恩·维尔特之所以能揭开古堡百年之谜的原因是什么？

一、培养科学的思维方法

人们要正确认识事物的本质和规律，必须培养科学的思维方法。掌握科学的思维方法，对人们正确认识世界和改造世界具有指导作用。它可以帮助我们正确地认识事物，把握事物的本质和规律；可以帮助我们提高面对新情况、解决新问题的能力，达到更好地认识世界和改造世界的目的。

掌握科学的思维方法，对人们正确认识世界和改造世界具有重要的指导作用。如何培养科学的思维方法？

（1）培养科学的思维方法，必须以正确的世界观和方法论为指导。马克思主义世界观和方法论是指导我们正确地认识世界和改造世界的理论基础。在马克思主义的指导下，我们的思维能够更加自觉地走向科学的思维。

（2）培养科学思维方法，要求我们运用辩证思维的方法。辩证思维就是用联系的、发展的、全面的观点看待事物和思考问题，其实质与核心是运用矛盾分析法，从对立面的统一中把握事物。辩证思维方法是人们进行辩证思维的逻辑工具，是科学思维方法的重要组成部分。

辩证思维是揭示概念的辩证发展、矛盾运动的基本方法，主要有归纳和演绎、分析和综合、从抽象上升到具体、逻辑和历史的统一等方法。其中归纳和演绎、分析和综合是形式逻辑与辩证逻辑所共有的方法，而从抽象上升到具体、逻辑和历史的统一则是辩证逻辑所特有的方法。

培养科学的思维方法，要求我们遵循形式逻辑的要求，正确地运用形式逻辑。人们认识事物、表达思想，要运用概念、判断、推理等思维形式。在思维的过程中要做到概念明确、判断恰当和推理合乎规则，不可自相矛盾，不能混淆概念或偷换概念，也不能转移论题或偷换论题。

例如，我们所熟悉的中国古代寓言中的“自相矛盾”，是逻辑矛盾，指思维中出现的一种错误，说明对同一事物或对象不能同时作出既肯定又否定的逻辑判断。

小故事

“叩诊法”的发明

300多年前，一位奥地利医生给一个胸腔有疾的人看病，由于当时还没有发明出听诊器和X射线光透视技术，医生无法发现病在哪里，病人不治而亡。后来经尸体解剖，才知道死者的胸腔已经发炎化脓，而且胸腔内积了不少水。这位医生非常自责，决心要研究判断胸腔积水的方法，但久思不得其解。这位医生的父亲是个精明的卖酒商，父亲不仅能识别酒的好坏，而且不用开桶，只要用手指敲敲酒桶，就能估量出桶里面酒的数量。医生在他父亲敲酒桶举动的启发下想到，人的胸腔不是和酒桶有相似之处吗？父亲既然通过敲酒桶发出的声响可以判断桶里有多少酒，那么，如果人的胸腔内积了水，敲起来的声音也一定和正常人不一样。此后，这个医生再给病人检查胸部时，就用手敲敲听听。他通过对许多病人和正常人的胸部的敲击比较，终于找到规律，能从几个部位的敲击声中诊断出胸腔是否有病。这种诊断方法就是现在医学上所称的“叩诊法”。

提示：

1. 世界是普遍联系的。联系的观点是辩证思维的基本观点之一。

2. 从敲击木酒桶到胸腔“叩诊法”的发明，就是一个利用联系原理展开思维联想活动而得到的结果。

3. 这个故事说明，掌握科学的思维方法可以帮助我们正确认识事物，把握事物的本质和规律；还可以帮助我们提高面对新情况、解决新问题的能力，从而达到更好地改造世界的目的。

我们不能“头痛医头，脚痛医脚”，用孤立的、静止的、片面的观点来观察和处理问题，只看局部，不见整体，只见树木，不见森林，而应当用联系的、发展的、全面的观点看待事物和思考问题。

重点提示

辩证思维要求我们用联系的、发展的、全面的观点看待事物和思考问题。善于运用矛盾分析法，坚持两点论，防止片面性。在看待事物发展时，既要看到有利的一面，又要看到不利的一面，既要看到事物的现在，又要看到事物的将来。

二、科学思维方法与人生发展能力

21 世纪的竞争，实质上是知识创新和技术创新的竞争，归根到底是具有创新能力的高素质人才的竞争。科学的思维方法是人们正确认识事物的工具，能帮助我们不断提高人生发展的能力。

在思维过程中，需要合理想象与创造性思维，只有这样，人的认识能力才能得到进一步发挥。

小故事

一个秃头的男人坐在理发店里。发型师问："有什么可以帮你的吗？"那个人解释说："我本来想去做头皮移植，但实在太痛了，如果你能够让我的头发看起来像你的一样，而且没有任何痛苦，我将付你 5 000 美元。""没问题。"发型师说。然后他很快将自己剃了个光头。这个小幽默中的发型师面对秃头的顾客提出的苛刻要求，不是按照常规在顾客身上做文章，而是从自己身上做文章，从而赢了顾客。

思考：故事中发型师思维的高明之处在哪里？谈谈如何用科学思维解决人生中的疑难问题。

学会运用科学思维方法，用辩证的思维指导人生，就能更深刻地洞察人生、认识人生，就能减少人生的失误；就能有助于我们汲取前人思维方法之精华，少走弯路，正确认识事物、解决问题，更好地实现人生价值，做聪颖智慧的人，做有利于国家、有利于社会的人。

重点提示

掌握科学的思维方法，可以帮助我们正确认识事物，把握事物的本质和规律；可以帮助我们提高面对新情况、解决新问题的能力，达到更好地改造世界的目的。

各抒己见

有的同学在学习和工作中取得一些成绩时，看不到老师的教导、同学的帮助和集体的学习氛围所起的作用，把个人的努力绝对化，得出自己“聪明过人”“智力超常”的错误结论，导致骄傲自满、故步自封。你怎么看这个问题？

科学的思维方法不是凭空臆造的，而是人类从无数次实践的成功经验与失败教训中总结出来的。人生发展需要不断通过实践和学习提高能力，既要在学习和实践中不断增长知识，也要加强科学思维方法的训练。

各抒己见

科学的思维方法如何能帮助我们不断提高人生发展的能力？

在学习和实践中加强科学思维训练，要做到以下几点：

（1）培养科学的思维方法，必须以正确的世界观和方法论为指导。

（2）培养科学的思维方法，要求我们运用辩证思维的方法，其实质与核心是运用矛盾分析法。

（3）培养科学的思维方法，要求我们遵循形式逻辑的要求，正确地运用形式逻辑。

（4）培养科学的思维方法，要求我们不断进行思维创新。

小方法

发散思维训练

1. 请列出杯子的 30 种用途。
2. 请列出导致交通堵塞的 10 种原因。
3. 请列出可以替代现行中考制度的 5 种办法。
4. 有个装满水的杯子，请你在不倾倒也不打碎杯子的情况下，取出杯中全部的水。

三、现代青年必须具备创新能力

创新是指通过创新活动、创新行为而获得创新性成果的能力，创新的实质就是创造性解决问题的能力。创造性思维是现代新思维的主要特征，科学思维就是创新思维。

杨振宁说：中国留学生的学习成绩往往比一起学习的美国学生好得多，然而十年以后，科研成果却比人家少得多，原因就在于美国学生思维活跃，动手能力和创造精神强。我们应该深刻思考这句话。

重点提示

培养科学思维方法，要求我们不断进行思维创新。

1. 创新是一个民族进步的灵魂

创新是推动历史向前的动力。在人类历史上，苏格拉底、亚里士多德、柏拉图等哲学家的新思想帮助了弱小的雅典进入了早期民主政治。我国东汉时代的蔡伦发明了造纸法，打破了贵族阶层对知识的垄断，使普通劳动者有了接受教育的可能，对中华文明甚至整个世界都起到了不可估量的作用。牛顿等科学家的卓越发现，为工业革命奠定了基础。比尔·盖茨等人的创新能力使他们成为富翁，并将人类带入了知识经济时代。这些都充分说明了创新的作用。

小故事

科技发明到工业应用的周期缩短

18 世纪 20 年代发明摄像机，112 年后才成为工业产品。

19 世纪 60 年代发明无线电，花了 35 年时间到 20 世纪初才付诸使用。

19 世纪末发明的 X 光机经过 18 年才开始得到应用。

20 世纪发明的电视只经过 12 年就应用了。

原子弹从设计到应用只有 6 年。

晶体管从发明到工业生产只有 3 年时间。

激光器从发明到应用只有不到 1 年的时间。

一个没有创新能力的民族，难以屹立于世界先进民族之林。一个民族的创新能力，决定着其在国际竞争中的地位和作用。

创新是时代的潮流，科学的本质是创新，科学精神就是创新精神。创造性思维是现代思维的主要特征，科学思维就是创新思维。提倡创新思维，培养创新能力，对于提高全民族的科学文化素质，增强综合国力，具有极其深远的意义。

重点提示

创造性思维的特征

一是独立性。它“不唯书、不唯上，只唯实”，敢于打破陈旧，立足于独立思考。

二是求异性。其思维主体具有求新求异的心理，善于发现和把握改变现状的契机和机遇，探索解决问题的多种方法。

三是新颖性。创造的本质就在“新”中，发现新现象、创建新理论、形成新观念、发明新技术都是创造性思维的成果。

2. 创造性思维的作用

（1）它是人类揭示事物本质和规律的最有价值的思维形式，它可以不断地增加人类知识的总量，推进人类认识世界的水平。

（2）它是科学发现、技术发明、文艺创造和其他一切创造性活动的必要条件。

（3）它为实践开辟新的局面。

3. 创新思维的方法

（1）扩散思维。

扩散思维就是思维从某一点出发，向外任意扩散，无一定方向、无一定范围，提出更多的创造性新设想、新方法、新方式等解决问题的思维方法。扩散思维能够使思维张开翅膀，冲破一切禁锢。扩散思维是应用已有的知识和记忆，加入想象，使人们的思路更加开阔，产生许多不同的，甚至是“荒诞离奇”的答案。扩散思维可从事物的形态、材料、功能、方法、结构、组合、因果关系等方面进行。

（2）立体思维。

立体思维要求人们在思考问题时跳出点、线、面的限制，从上下、左右、前后等进行多角度思考问题的思维方法。如：南方一些省市的农村在水稻田里养鱼，田埂上种桑，用桑叶养蚕，等等。

（3）逆向思维。

逆向思维是从相反的方向去思考、去探求问题的一种思维方法，俗称“倒过来想一想、试一试”或者是反其道而行之。这种从反面去认识事物的思维方式，易引起新的思索，往往会产生超常的构思、不同凡响的新观念和解决问题的新思路。比如除尘器，原设计是用吹气的办法，把灰尘吹到一旁，这种设计失败了。反过来想，不用吹，改用吸的方法又怎样呢？试验证明，吸的方法成功了，便产生了吸尘器。

(4) 转换思维。

转换思维是以多路思维代替单路思维，这种办法不行，就改用别的办法思考解决问题。转换思维有方法转换、目标转换、元素转换等。古代曹冲称象就是应用了元素转移法来思维，用石头代替大象，元素发生了变化。

(5) 换位思维。

换位思维是指行为主体跳出自我，站在对象人或他人的位置上进行多维思考、交流感情、产生共鸣的一种思维方式。

重点提示

创造性思维的要求

创造性思维要求人们以科学理论为指导，面对实际，敢于提出新问题、解决新问题；要求人们克服固守书本、墨守成规的旧思想，树立勇于创新、善于创新的意识。

4. 创新能力的内涵及实质

创新能力是指通过创新活动、创新行为而获得创新性成果的能力，实质就是创造性解决问题的能力。知识经济时代是一个充满创新的时代。科学技术日新月异，新情况、新问题和新矛盾层出不穷，需要当代青年用新的观念、新的思路和新的方法创造性地加以解决。

21 世纪的竞争，实质上是知识创新和技术创新的竞争，归根到底是具有创新能力的高素质人才的竞争。面对这样的形势，我们任何一个人、从事任何一种职业，都不能缺少创新能力。可以这样说，一个人的创新能力，特别是创新思维能力的强弱，将决定他未来的发展前途。

小故事

2007 年 2 月 27 日，只有高中文化程度的河南农民李官奇、一汽大众汽车公司工人技师王洪军和宝钢炼铁厂工人技师韩明明，一同登上国家科学技术奖的领奖台，荣获国家科技进步二等奖，这在我国尚属首次。两名工人、一名农民首次登上国家科技领奖台这一喜讯，向我们中职生传递了什么信息？

这一喜讯不仅说明学习比学历重要，而且也证明了，只有在实践中不断学习，才能求得创新，取得成绩。

重点提示

培养创新的素质

人的创新能力不是与生俱来的，而是通过学习、训练产生和提高的，提高创新能力需要科学思维。要创新就必须学习和掌握科学思维方法。

1. 制定终生学习、创造的计划。

2. 开发大脑的潜能，增强独立获取知识的综合能力，提高认识速度和速率，缩短认识周期，使自己尽快学有所成，进入创造领域。

3. 选用最优学习方法，应用现代化工具，跟上前沿知识的发展。

4. 不断创新学习方法，更新调整知识结构，与时俱进。

四、运用科学思维提高创新能力

1. 思维创新的内涵

科学思维所说的思维创新，特指人们在实践中有所发现、有所发明的思维活动。创新意识就是推崇创新、追求创新、以创新为荣的观念和意识。创新精神主要表现为：首创精神、进取精神、探索精神、科学精神等。

思维创新是一种综合能力的体现，实践的需要是思维创新的最有价值的课题。

小故事

碰倒纺车的启示

“珍妮纺织机”的发明者詹姆斯·哈格里沃斯是一个普通工人。他既能织布，又会做木工。妻子珍妮是一个善良勤勉的纺织能手，她起早贪黑，一天忙到晚，可纺的纱总是不多。哈格里沃斯每次看到妻子既紧张又劳累的样子，总想把这老掉牙的纺车改进一下。

一天，他无意中把家里的纺车碰倒了，他看到原来水平放置的纺车锤变成了垂直竖立，却仍在不停地转动。这一偶然事件，使他得到启示：既然纺锤竖立时仍能转动，要是并排使用几个竖立的纺锤，不就可以同时纺出好几根纱了吗？他说干就干，终于试制成装有8个纺锤的新式纺织机，并给它命名为“珍妮纺织机”。“珍妮纺织机”的效率比旧纺织机提高了几十倍，被恩格斯称为“使英国工人的状况发生根本变化的第一个发明”。

思考：“珍妮纺织机”的发明，对我们增强创新能力有何启示？

解决复杂问题，往往需要人们的思维结合实际情况，反复地发散—聚合—发散—聚合。要充分发挥想象，巧妙捕捉灵感，以科学知识为基础，以求真务实精神为向导。

提高创新能力，要学会把发散思维和聚合思维结合起来。发散思维是沿着不同的方向去思考，追求多样性思维。聚合思维是把问题所提供的各种信息聚合起来找到一个正确的答案。一般说来，在提出解决问题的假设阶段，要依赖发散思维，而在选择假设时，要依赖聚合思维。从马克思主义的哲学观点来看，发散思维与聚合思维是辩证统一的。

人们经常把创新想象得很高深、很神秘、很复杂，并因此阻碍了自己的创新。其实创新，甚至是伟大的创新，它的思路有时也是很简单的，这就需要人们在平时的生活中不断地思考，爱动脑筋，想办法解决问题。

小方法

12种创造发明技法

1. 加一加；2. 减一减；3. 扩一扩；4. 缩一缩；5. 变一变；6. 改一改；7. 联一联；8. 代一代；9. 搬一搬；10. 反一反；11. 定一定；12. 学一学。

小方法

加一加

* 把橡胶和高压气体合在一起，构成了橡胶轮胎；
* 把二氧化碳加在甜水里，成了汽水型饮料；

* 索尼公司把耳机和收音机结合起来，制造出了随身听；
* 洗发香波与护发素相结合，构成了二合一的护发新产品。

小方法

减一减

* 无人驾驶的飞机、坦克；
* 真空法保存食物；
* 小型西瓜、小型西红柿；
* 让害虫失去生育能力；
* 超短裙、比基尼的问世；
* 脱脂牛奶、无籽瓜。

重点提示

创新7步骤

1. 大胆想象；
2. 界定你要解决的问题；
3. 寻找可能解决的途径；
4. 沿每一条可能的途径收集材料信息；
5. 对不同方法重新进行组合；
6. 灵感可能产生；
7. 对新的思想进行补充和修正。

2. 中职生如何培养创新精神、提高创新能力

（1）热爱生活、关注生活是创新的前提和基础。

重视实干、重视实践是科学创新的基本要求。在日常生活中经常有意识地观察和思考一些问题，通过这种日常的自我训练，可以提高观察能力和大脑灵活性。我们要积极参加创新实践活动，尝试用创造性的方法解决实践中的问题。

要相信“创造力是人人都有的”，要敢于去做别人没想过、没做过或者做过却没成

功的事。要以科学精神面对失败，认真找出失败的原因并探索新的道路，使失败变为成功的阶梯和创造的源泉。

（2）培养自信心，有战胜困难的勇气和冒险精神，是形成创造力的必要条件。创新要敢于质疑，不迷信权威，不迷信书本。

（3）敢于提出问题、善于提出问题，是激发创造力的有效途径。

首先，要敢于对一些保守的习惯和传统产生怀疑。

其次，尊重书本知识，尊重权威，但不能迷信书本知识、迷信权威。

最后，要敢于和善于提出各种问题。

爱因斯坦曾经说过："提出一个问题远比解决一个问题重要。"我们要养成质疑的习惯，不唯书，不唯上，只唯实。在认真学习和思考的同时，坚持一种科学质疑或批判的精神，敢于走自己的路。

小故事

蜜蜂是如何发声的？

"嗡嗡嗡，嗡嗡嗡"，蜜蜂的声音多么美妙！蜜蜂是怎样发声的？专家经研究得出结论：蜜蜂是靠翅膀振动发声的。这一结论已流行了许多年，似乎已成为颠扑不破的真理。然而这一结论在一个小学生面前受到了挑战。湖北省监利县某小学六年级学生聂利通过自己的独立观察与研究，发现蜜蜂不是靠翅膀振动发声的，而是有自己的发声器官——蜜蜂的发音器官就在蜜蜂的双翅根部。她将这一发现写成论文，在第18届全国青少年科技创新大赛上荣获优秀科技项目银奖和高士其科普专项奖。

提示：敢于挑战权威是创新的主要武器。要大胆质疑，善于提问，勇于创新。

知识梳理

一、培养科学的思维方法

1. 掌握科学的思维方法，对人们正确认识世界和改造世界具有重要指导作用

2. 培养科学的思维方法的要求

二、科学思维方法与人生发展能力

1. 科学思维方法是人们正确认识事物的工具，能帮助我们不断提高人生发展的能力

2. 在学习和实践中加强科学思维训练

三、现代青年必须具备创新能力

1. 创新是一个民族进步的灵魂

2. 创造性思维的作用

3. 创新思维的方法

4. 创新能力的内涵及实质

四、运用科学思维提高创新能力

1. 思维创新的内涵

2. 中职生如何培养创新精神、提高创新能力

(1) 热爱生活、关注生活是创新的前提和基础。

(2) 培养自信心，有战胜困难的勇气和冒险精神，是形成创造力的必要条件。

(3) 敢于提出问题、善于提出问题，是激发创造力的有效途径。

思考题

1. 简述科学思维的内涵。
2. 列举几种辩证思维方法。
3. 如何培养创新能力？
4. 创造性思维训练的方法有哪些？
5. 中职生如何培养创新精神、提高创新能力？

课后练习

两个推销人员到一个岛屿上去推销鞋。一个推销员到了岛屿上之后，气得不得了，因为他发现这个岛屿上每个人都是赤着脚，没有穿鞋的，这怎么推销？于是他马上发信息回去，告诉公司不要运鞋来了，这个岛上没有销路。

第二个推销员来了之后却高兴得不得了，因为他发现这个岛屿上鞋的销售市场太大了，每一个人都不穿鞋，要是一个人穿一双鞋，那要销售多少双鞋出去？马上打电报，赶快空运鞋。

现实生活中处处有类似的例子。

3 年前，中职生小鲁毕业后做洗衣粉的营销工作。一次他到一个地方去推销一种还没有闯出牌子的洗衣粉，他发现这里的人用的都是名牌，一提他的产品，人家不是说“没听过”，就是说“杂牌，不用”，小鲁不由得自惭形秽。但当他要退出这个地区

时，却无意想起了鞋子的故事，是的，这里不正是一个“所有人都没有鞋子穿的地方”吗？自己为什么要把它当成一个“这里的人都不穿鞋的地方”？他决定发挥自己口才好、亲和力强的长处试一试。

于是，小鲁留了下来……经过几个月的努力，业务有了很大的起色。3 年后小鲁晋升为区域营销经理。

同样一个问题，不同的思维得出的结论不同，相应的行为也就不同。

思考：两个推销员的思维有什么不同？

案例分析

“为什么不提拔我？”

两个大学生毕业了，分配到同一个公司去工作，两年后，公司老总提拔了小 A 当区域经理。小 B 找到老总说：“你交给我的所有工作，我都踏踏实实完成了，怎么提拔小 A 不提拔我？”

老总说：“那好，你帮我干一件事吧。你到隔壁的自由市场去看看有什么东西卖没有，回来跟我说一声。”于是小 B 去了，一会儿回来对老总说，市场上有个农民推个手推车在卖土豆。老总问：这一车土豆大概有多少斤？小 B 说没有问，于是下楼去问，回来告诉老总这一车土豆 300 多斤。老总又问：大概多少钱一斤呢？小 B 说这个问题没问，于是第三次去，回来告诉老总 8 毛钱一斤。老总问：要是我全部 300 多斤都买了，他能不能便宜些？小 B 说：这个问题我得去问一下，老总你等一会儿。一会儿小 B 回来告诉老总，6 毛钱一斤他就卖。老总看他跑了四趟，汗都出来了，便端了一杯热茶给小 B，请小 B 坐下休息一会儿。

老总把小 A 叫过来，叫小 A 到隔壁市场上去看一下有什么东西卖没有，回来给他讲一下。小 A 下楼去了，一会儿回来告诉老总，有个农民推着一车土豆在卖。老总问：大约有多少斤重啊？小 A 说大概 300 斤多一点。老总又问：多少钱一斤？小 A 说：我顺便问了一下，8 毛钱一斤。老总问：全部买了，他少不少钱？小 A 说：我也顺便问了一下，6 毛钱一斤他就卖。老总说：叫他来，我们都买了。小 A 说：我已经叫到门口了，只等您一声令下就进来。小 B 看到这个全过程，哑口无言，他明白了为什么提拔小 A 而不提拔自己。

分析：做好工作不仅要踏踏实实，还需要动脑筋，更要有创新思维。现代青年必须具备创新能力。小 A 能创造性地理解老总的意图，创造性地开展工作。

第四单元

顺应历史潮流
树立崇高的人生理想

第十课

历史规律与人生目标

学习目标

1. 认知：了解社会发展规律，认识到人生目标的确立和实现要符合社会历史发展规律。理解确立正确的人生目标的意义，认识到人生目标与社会发展、个人成长的关系。

2. 情感态度观念：通过认识人生目标的意义，使学生领悟到目标对个人成长的重要性，激发学生树立正确人生目标的意识，自觉地把个人成长纳入社会发展之中，确立正确的人生目标。

3. 运用：运用社会发展规律性的原理，正确确立自己的人生目标。

学习重点

1. 社会历史的发展有其规律性。

2. 正确确立自己的人生目标。

学习难点

1. 人生目标的确立和实现应遵守历史发展规律。

2. 人生目标与社会发展、个人成长的关系。

导入新课

邓小平说："封建社会代替奴隶社会，资本主义代替封建主义，社会主义经历一个较长过程发展后必然代替资本主义。这是社会历史发展不可逆转的总趋势。"邓小平的这段话论述了什么问题？这段话一是说明了社会历史是向前发展的，一种新的社会制度必然会代替旧的社会制度；二是说明了社会历史发展是不可逆转的。

讨论：我们知道，社会发展是有一定规律的。物质生活资料的生产是社会发展的基础，其他一切都是在这个基础上发展起来的。人是物质生活资料的生产者。

一、物质资料的生产是人类社会存在和发展的基础

人类的活动有多种多样的形式，政治、文化在社会历史当中起着十分重要的作用，但它们在社会历史中不是最基础的东西，社会发展中最基础的东西是社会的物质生产活动。包括政治、军事、艺术、文化、宗教、哲学等在内的一切活动都是建立在生产活动的基础之上的。人们要从事其他的活动，先得有食物、衣服、住房等生活资料。为了获得这些生活资料，就必须进行生产。所以，物质生产活动是人类社会最基本、最具基础性的活动。

人类各种形式的活动都是在物质生产活动的基础上产生和发展的，并受物质生产活动的制约。人类在远古时期，生产能力十分低下，所有的社会成员都必须参加生产劳动，没有社会分工，因而也就没有专门的人从事政治、艺术、文化的活动。后来，生产发展了，逐步有了剩余产品，一部分人可以不从事笨重的体力劳动了，才开始产生了最初的艺术、文化、政治等活动形式。这部分人不进行生产活动，但他们也要吃、喝、住、穿，他们的消费资料是从事社会生产的人们提供的。社会的物质生产活动越发达，就越能给物质生产活动以外的活动提供更好的物质基础、物质条件。因此，非物质生产活动不能脱离物质生产活动，并始终受物质生产活动的决定和制约。

重点提示

社会主义的根本任务是发展生产力。首先，革命的根本目的是解放和发展生产力。当前社会主要矛盾是物质文化需要同落后的社会生产之间的矛盾，解决这一矛盾的唯一办法就是大力发展社会生产力，使社会财富越来越多地创造出来，不断满足人民日益增长的物质和文化需要。其次，高度发达的生产力是社会主义战胜资本主义的根本保证。只有集中力量发展生产力，创造出比资本主义更高的劳动生产率，才能建立和发展社会主义强大的物质基础，才能充分显示社会主义制度的优越性，从而最终完全战胜资本主义。

任何一个社会要存在，要发展，都不能离开生产。生产是指人们创造社会物质财富的劳动，比如工人做工、农民种田、渔民捕鱼等。仔细分析人们的生产活动，就会看到人们在生产活动过程中总要发生两个方面的关系：一方面是人们在生产中同自然界的关系；另一方面是人与人的关系。这两方面的关系就是生产力和生产关系。

生产力是人类征服、改造和利用自然，使其适应人类社会需要的客观物质力量。它体现的是生产过程中人与自然的关系。生产力是在物质生产活动即劳动中形成的。劳动对象、劳动资料和劳动者构成了生产力的基本要素。

劳动对象是指生产过程中被加工的东西。它既包括未加工的自然物，如矿藏、森林、海底资源等，又包括经过加工的物体，没有劳动对象，生产就无法进行，也就形成不了生产力。劳动对象还直接影响生产力的发展。

劳动资料又叫劳动手段，是人们用以改变和影响劳动对象的物质资料或物质条件，如原始的镰刀、现代的收割机，以及厂房、仓库、道路、运河等，这些都是人们从事各种各样的生产劳动所必须具备的。劳动资料中，最重要的是生产工具，生产工具的状况，标志着人们征服和改造自然能力的强弱，是衡量生产力发展水平的客观尺度。一个社会之所以比以前的社会达到更高的生产力发展水平，归根到底是因为生产中应用了或者能够应用更先进的生产工具。

劳动者是指具有一定生产经验、劳动技能和知识，能够运用劳动资料作用于劳动对象，即具有一定劳动能力，并且从事生产实践的人。劳动者应具有劳动能力，不仅要有一定的体力，还要有一定的智力、经验和技能，因为物质生产是有意识、有目的的活动，是体能与智能的综合支出，而且随着生产力的进一步发展和科学技术的进步，智力因素所占的比重将日益增加，脑力劳动者在生产中的作用将越来越突出。

劳动者和劳动资料、劳动对象是构成生产力的实体部分。劳动者是生产力中人的因素，劳动资料和劳动对象结合起来就是生产资料，它们是生产力中物的因素。生产力中人的因素和物的因素相结合，发挥其整体功能，才能构成现实的生产力。对于社会生产力状况的考察，任何见物不见人或见人不见物的观点，都是片面的、错误的。

小故事

中国工程院院士袁隆平多年来对水稻进行精心研究，搜集国内外大量资料，吸取其精华，并对水稻进行杂交培育，使中国杂交水稻研究居于世界领先地位，他也被国际同行誉为“世界杂交水稻之父”。袁隆平培育的杂交水稻使中国成为世界上第一个利用水稻杂交优势的国家，它大幅度地增加了我国的粮食产量，解决了几千万人口的吃饭问题，为国家积累了财富，为我国综合国力的提高作出了巨大贡献。2001 年 2 月 19 日，首届国家最高科学技术奖在北京人民大会堂隆重颁发，袁隆平院士获得此项荣誉。

重点提示

生产力和生产关系的矛盾、经济基础和上层建筑的矛盾，是人类社会的基本矛盾。生产关系一定要适合生产力的状况，上层建筑一定要适合经济基础的状况，这是人类历史发展中起作用的基本规律。人类通过各种实践活动不断地解决社会基本矛盾，从而推动社会历史由低级向高级发展。

二、历史规律和人的活动

1. 社会历史的发展有其客观规律性

在生产力和生产关系的矛盾中，生产力居于决定地位，生产力的状况决定生产关系的性质和变化。生产力是社会存在中最活跃、最革命的因素，它处于经常不断的发展变化中，而生产关系则相对稳定。生产力发展了，生产关系容纳不下发展了的生产力时，就要或迟或早地引起生产关系的变革，引起生产方式的变更。

重点提示

社会历史发展的总趋势是前进上升的，发展的过程是曲折的，社会发展是在生产力与生产关系、经济基础与上层建筑的矛盾运动中，在社会基本矛盾的不断解决中实现的。

社会历史的发展，首先是生产力发展引起生产关系的变革。随着生产关系的变革，又引起上层建筑的变革，整个社会就从一种社会形态转变为另一种社会形态。所以，生产力是社会存在中最活跃、最革命的因素，是社会发展的最终决定力量。

人类社会的发展，是先进的社会生产力不断取代落后的社会生产力的历史进程。任何政党、阶级或集团，只有把握先进生产力的发展趋势和特点，顺应先进社会生产力发展的潮流，不断推动先进生产力的发展，才能成为社会进步的力量，为人类社会的发展作出贡献。在现实社会当中，有各种各样的生产力，那些能够推动社会进步，促进社会发展，创造更多的社会财富，满足人们日益增长的物质文化需要，为人的全面发展奠定坚实物质基础的生产力是先进的生产力；反之则是落后的生产力。

小故事

江苏省江阴市华西村，是个江南小村，只有0.96平方公里，320户人家，1 500人。改革开放以来，生产大发展，小村面貌大变化，农民生活大改善。华西村家家住新楼，户户有存款，存款最少的一户，也有20万元。农民生活确实富了。一些外国游客到华西村旅游，吃住在农民家里，亲身感受了华西村农民的生活，感慨地说：像这样的社会主义，我们也要。华西村成功的经验之一，就是靠“两个文明”一起抓，重点抓“六爱”教育，始终坚持社会主义方向。这“六爱”是“爱党爱国爱华西，爱亲爱友爱自己”。“六爱”是华西人的行动准则和精神支柱。方向道路明了，就一心一意搞社会主义。

先进生产力具有以下鲜明特性：

其一是先导性，表现为能使社会生产方式发生先导性变化，从而带动整个社会生产力向前发展。

其二是科技创新性，先进生产力的出现离不开科学技术的发明及其应用。人们通过科技创新提升、改造生产力的要素乃至整个生产力系统，从而产生了各个时代的先进生产力。

其三是高效性，先进生产力通过提升人类改造自然的能力，大幅度提高了生产效率和经济效益。

其四是革命性，表现为对社会生产方式和整个社会关系引起革命性变化。

先进生产力可以说是“历史的发动机”，它是一种具有革命性、引导性的生产力，是推动历史前进的火车头，它对整个生产方式、社会生活提出了新的发展方向，发展先进生产力最能代表广大人民群众的根本利益。因此，无产阶级政党必须带领工人阶级和人民群众大力发展先进生产力，促进社会的发展。

重点提示

1. 人类社会的一切活动都是由有意识的人参加的，社会发展的规律是通过人的有意识的活动表现出来的，社会发展规律的实现离不开人的自觉实践活动；

2. 社会发展不是某个杰出人物个人的作用决定的，而是由无数人共同作用形成合力的结果；

3. 社会历史是通过无数偶然性事件的总和构成了社会发展，偶然性事件的背后包含着社会发展的必然性。

2. 科学技术是第一生产力

在生产力系统中，除了劳动对象、劳动资料和劳动者这些实体性要素外，还有科学技术这样的非实体性要素。如果说劳动对象、劳动资料和劳动者是生产力的“硬件”，那么，科学技术等就是它的“软件”。科学技术现代化是一个总体性概念，科学偏重于知识体系，技术则表现为方法、工艺和能力，二者紧密联系、相互作用、相互转化。科学上的突破常常引起技术上的发明，从而推动生产力的发展；反过来，科学也会从技术和社会需要中获得发展动力。

各抒己见

邓小平指出：“科学技术是第一生产力”。邓小平的这一论断，是对科学技术在现代生产力中的重要地位和重要作用的科学概括，是对马克思的“科学是一种生产力”思想的深化。

在现代化的大生产中，科学技术发挥着越来越重要的作用。据统计，在 20 世纪初，发达国家工业生产的增长，只有 5%～20%是靠科学技术取得的；到了 70 年代，生产的增长已有 60%～80%靠的是科学技术；90 年代以来，许多知识密集型行业生产的增长几乎完全靠科学技术，科学转化为生产力的周期也越来越短。当今世界范围内兴起的新技术革命，正在形成以网络技术、生物工程、纳米技术等为代表的新技术群，它们的广泛应用，必将使社会生产力发生新的飞跃。

3. 人类社会历史发展规律有其特殊性

社会历史发展规律有其特殊性，因为社会规律的实现离不开人的自觉实践活动，它是由无数人共同作用形成合力的结果，是无数偶然事件的总和构成了社会发展。

4. 社会发展规律的实现需要人的创造性的活动

社会发展规律的实现需要人的创造性活动。个人活动与社会发展相互联系、相互促进，又相互制约。因此，自觉认识并运用社会发展规律，发挥自己的聪明才智，做对社会有用的人，应是每个人的人生目标。

重点提示

个人活动和社会发展是相互联系、相互促进，又相互制约的：一方面，人创造性的活动影响社会发展，社会规律通过个人活动来体现；另一方面，个人活动受社会历史条件的制约。

人类社会发展的历史表明：一是个人与社会相互依存，密不可分。社会是由无数个人组成的，人的生存离不开社会，人的发展更需要社会提供种种条件，任何一个社会的存在和发展，都是所有的个人及其集体努力的结果，一切个人活动的总和构成社会的整体运动及其发展。二是要正确认识和处理个人与社会的关系。个人的活动既是一个生命的自然过程，又是社会实践的历史过程。在这个历史过程中，每个人都不是孤立存在的，他的活动都面临着个人与社会的关系问题。因此，正确认识和处理个人与社会的关系，既是进行个人正常活动的重要条件，又是作出人生选择的基础和前提。

小故事

1978 年，贫困落后的安徽省凤阳县小岗子村率先实行包土地、包生产、包分配的“大包干”，口号是“交足国家的，留足集体的，剩下是自己的”，兼顾了国家、集体、个人三者利益，克服了原来集体经济中吃“大锅饭”的平均主义现象，体现了按劳分配。它的特点是责任明确、利益直接、分配方法简便。党和政府尊重群众的愿望，积极支持试验，随后在全国推广。实行家庭联产承包为主，统分结合、双层经营的模式，有力地促进了农村生产力的发展，农民人均收入成倍增长，生活得到明显改善。

三、人生目标和社会发展

1. 人的动机必须符合社会发展规律

一个正常的个人总要在社会生活中担负一定的工作，在自己的岗位上从事这样或那样的有意识、有目的的活动，从而在社会历史发展的进程中留下自己的印记，社会的发展要靠全体社会成员自觉努力才能实现。因此，人们活动的动机正确与否，直接关系到社会的发展、社会历史发展规律的实现。人的动机正确了，就可以推动社会发展规律的实现，反之，就会阻碍社会的发展。

重点提示

人的动机是否符合社会历史发展的必然趋势，决定了人们的活动对社会历史发展起促进还是阻碍作用。

2. 人生目标应该遵循历史发展规律

符合社会发展规律的人生目标与社会发展的方向一致，与社会发展的要求相融，这样的目标不仅能实现，而且还会促进和推动社会的发展。只有符合社会发展规律和个人实际的人生目标才是正确的，才能够走向人生成功。

中职生要把自己的人生目标与我国全面建设小康社会的时代要求结合起来，通过自己对人生目标的不懈追求，为社会做出自己的贡献。

小故事

"知识工人的楷模"李斌，中专毕业后进入上海液压泵厂工作。20 多年来，他在工作岗位上刻苦钻研，勇于创新，无私奉献，成为高级技师和公认的数控机床专家。由于李斌的品牌效应，上海液压泵厂近年来接到了大量订单，国家重点项目专用设备项目相继找上门，企业效益得到大幅度提高。

提示：从社会发展规律和人的创造性活动之间的关系，分析李斌的成功对我们确立正确的人生目标的启示。

四、人生目标和个人成长

在人类社会里，最有价值的人生是深远的智慧与崇高激情的交织，任何一个缺乏激情的生命，都不可能实现有价值的人生。

人更需要梦想，梦想让这个世界变得如此生动，丰富多彩。因为有了飞翔的梦想，莱特兄弟发明了飞机；因为有了光明的梦想，爱迪生发明了电灯；因为有了探索宇宙的梦想，加加林成为第一位从太空看到地球的人。

小故事

美国科罗拉多州的埃里克·韦亨迈那是一位盲人，33 岁的时候，他得了罕见的视网膜疾病，以致双目失明。在此之前，他是一名出色的登山队员，并梦想要登上世界第一高峰——珠穆朗玛峰。失明之后，埃里克并没有放弃自己的梦想，凭借着梦想和努力，他终于在2001年5月25日成功登上了世界之巅。当他登上珠穆朗玛峰的一刹那，梦想成真了，很多人都为他欢呼，为他高兴。

有了梦想，森林才那么青翠，山峰才那么俊秀，河流才那么清澈，天空才那么蔚蓝。也许，一个人可以失败，可以遭受挫折，可以忍受孤独和不幸，但一个人不可以没有梦想，没有梦想的人生就像小鸟失去了双翼，船失去了双桨。为了梦想的实现，多少勤劳、智慧、热爱生活的人在坚持不懈地追求。无论道路多么崎岖曲折，无论激流多么湍急汹涌，都不能挡住人们实现梦想的前进脚步。

新的一天又开始了！太阳升起来了，它照亮山峦、河流、森林和那些耸立着高楼的城市，也照亮了那些背着行囊、带着激情与梦想正要出发的人。因为有了激情与梦想，前面的道路才格外宽广。

相信生活中每个人都有自己的梦想与追求，而正是这样的梦想与追求，人们内心的力量才会找到方向。漫无目的地飘荡终会迷路。如果一个人不知道自己要什么，不知道自己该何去何从，别人又如何帮助你追求成功？人必须要有明确的目标，才能克服前进道路上所遇到的挫折和阻碍，而追求积极向上的人生目标，并为之而奋斗，将使我们拥有更有意义、更有价值的人生。

因此，个人的成长需要目标的指引。有了目标，人生就不会盲目；在日常的生活中，就不会随波逐流。因为，人生目标可以起到鼓舞、约束、鞭策作用，它可以挖掘实践者身上最大的潜能。

沙漠中没有方向的人们只能徒劳地转着一个又一个圈子，生活中没有目标的人们只能无聊地重复着自己平庸的生活。对沙漠中的人群来说，新生活是从选定方向开始的；而对于现实中的人们来说，新生活是从确定目标开始的。正如空气对于生命一样，目标对于成功也有绝对的必要。所以，人生目标可以规划人生发展；人生目标可以推动人的进步；人生目标可以激发人的潜能。

名人名言

人生的真正欢乐是致力于一个自己认为是伟大的目标。

——萧伯纳

伟大的目标构成伟大的心。

——埃德蒙斯

有些人活着没有任何目标，他们在世间行走，就像河中的一棵小草，他们不是行走，而是随波逐流。

——小塞涅卡

老骥伏枥，志在千里；烈士暮年，壮心不已。

——曹操

穷且益坚，不坠青云之志。

——王勃

古之立大事者，不唯有超世之才，亦必有坚忍不拔之志。

——苏轼

生当作人杰，死亦为鬼雄，至今思项羽，不肯过江东。

——李清照

要求：

1. 就目标的话题，搜集更多的名人名言。
2. 我们究竟应该怎样确立正确的人生目标？就这个问题举办一个小型的讨论会。

五、正确确立自己的人生目标

1. 人生目标的确立和实现要符合历史发展规律和个人实际

社会环境、社会发展规律影响着人生目标的确立。人生目标的确立和实现必须符合社会发展规律，符合社会发展要求。要确立人生目标就要认清中国社会发展规律、趋势与要求，要从发展中国特色社会主义的现实出发，结合自己的实际，确定自己的发展方向和人生目标。

重点提示

人生目标有对错之分，其判断标准最重要的就是看人生目标是否符合社会发展规律。

2. 人生目标要在社会发展中不断校正

社会环境和条件都是在不断变化的，人生目标也应随时修改和更新。为了达到目标，就要像深谋远虑的将军一样，时常根据战局改变战略。如果此项计划无法进行，就须由另一项计划替代。但是一定要牢记：我们可沿着成功之路改变计划，但不要轻易改变目标。因为“有志者立长志，无志者常立志”。

各抒己见

曹操说：对酒当歌，人生几何？李清照说：生当作人杰，死亦为鬼雄。文天祥说：人生自古谁无死，留取丹心照汗青。亚里士多德说：别人为吃而活着，而我吃是为了活着。古往今来，人类对于人生留下了许许多多的思考，新时代的你是否思考过你的人生？你的人生目标是什么？

3. 正确确立人生目标要靠自己不懈的努力

人生是丰富多彩的，人生理想也是多种多样的。生活中每个人都在追求一定的目标，有的人追求优异的学习成绩，有的人追求舒适优越的生活，有的人追求事业上的成就。只要是积极的、对社会、对他人有益的理想，都是我们要尊重和倡导的。我们不奢望每个人都要定下当科学家、当宇航员的目标。可是，我们有理由为自己定下符合自己志趣的发展目标。确定了人生目标后应有个人的发展计划，要从一点一滴做起。

课外活动

“策划我的人生目标”

第一步：设计人生目标蓝图。

第二步：相互交流，相互监督。小组成员互相交换意见，修订和完善个人目标。

第三步：通过推荐或自荐方式，每组选出一位同学在全班面前交流。

总之，每个人都在追求一定的目标，真正的人生之旅是从设定自己的人生目标的那一天开始的。正确的人生目标要符合社会发展规律，同时在实现人生目标的过程中要根据社会发展状况不断校正，只有在不懈的努力中才能实现目标。

知识梳理

一、物质资料的生产是人类社会存在和发展的基础

二、历史规律和人的活动

1. 社会历史的发展有其客观规律性

2. 科学技术是第一生产力

3. 人类社会历史发展规律有其特殊性

4. 社会发展规律的实现需要人的创造性的活动

三、人生目标和社会发展

1. 人的动机必须符合社会发展规律

2. 人生目标应该遵循历史发展规律

四、人生目标和个人成长

1. 人生目标可以使人明确前进方向，更好地规划人生发展

2. 人生目标对人的发展有鼓舞、约束、鞭策作用

3. 人生目标可以激发人的潜能

五、正确确立自己的人生目标

1. 人生目标的确立和实现要符合历史发展规律和个人实际

2. 人生目标要在社会发展中不断校正

3. 正确确立人生目标要靠自己不断学习、不懈努力和不断实践

思考题

1. 简述社会历史发展的规律。

2. 如何理解人生目标与社会发展、个人成长的关系？

3. 如何正确确立自己的人生目标？

4. 为什么说人生目标的确立和实现应遵守历史发展规律的相互关系？

小论文

中职生在选择专业时就要明确自己的奋斗目标

晓明同学十分羡慕能在大型会议上作同步打字的速录师们，在报考中等职业学校时他选报了速录专业。在 3 年的学习过程中，他勤学苦练，经常利用课余时间练习打字。同时，他还时时提醒自己：一个优秀的速录人员也要具备秘书的能力。于是，他努力学习了许多与文秘相关的知识，重视培养自己的综合能力和整体素质。毕业前夕，某事业单位招聘文秘人员，晓明同学积极应聘。踏实的工作态度和优秀的速录成绩使他脱颖而出，顺利被该单位录用。

作为中等职业学校的学生，晓明同学在选择专业时就明确了自己的奋斗目标，努

力学习专业知识，打好坚实的基础。这样，当机会到来时，就能够抓住机会，实现自己的职业理想。

要求：以这个为材料，写一篇 500 字的小论文。

课后思考

三个工人在砌一堵墙。有人过来问他们："你们在干什么？"第一个人没好气地说："没看见吗？砌墙。"第二个人抬头笑了笑说："我们在盖一栋高楼。"第三个人边干活边哼着小曲，满面笑容开心地说："我们正在建设一座新城市。"十年后，第一个人仍然在砌墙；第二个人坐在办公室里画图纸——成了工程师；第三个人呢，是前两个人的老板。

结合"三个工人砌墙"的事例，谈谈确立目标对我们人生成长的重要性。

案例分析

分段实现人生目标

有一位计算机专业的博士，毕业后在美国找工作，结果接连碰壁，许多家公司都将这位博士拒之门外。这样高的学历，这样吃香的专业，为什么找不到一份工作呢？

万般无奈之下，这位博士决定换一种方法试试。他收起了所有的学位证明，以最低身份去求职。不久他就被一家电脑公司录用，做一名最基层的程序录入员。这是一份稍有学历的人都不愿去干的工作，而这位博士却干得兢兢业业，一丝不苟。没过多久，上司就发现了他的出众才华——他居然能看出程序中的错误，这绝非一般录入人员所能比的。这时他亮出了自己的学士证书，老板于是给他调换了一个与本科毕业生对口的工作。过了一段时间，老板发现他在新的岗位上游刃有余，还能提出不少有价值的建议，这比一般大学生高明，这时他亮出了自己的硕士身份，老板又提升了他。

有了前两次的经验，老板也比较注意观察他，发现他还是比硕士有水平，其专业知识的广度、深度都非常人可比，就再次找他谈话，这时他才拿出博士学位证书，并叙述了自己这样做的原因，此时老板才恍然大悟，毫不犹豫地重用了他，因为对他的学识、能力及敬业精神早已全面了解了。

分析：毕业后希望找到一份称心如意的工作是无可厚非的，这位博士在碰了几次钉子后，能够及时调整自己的思维，放下身份与架子，甚至让别人看低自己，然后在实际工作中展现自己的才华，分阶段实现自己的目标。然而，现实生活中，许多人往往想一步登天实现自己的人生目标，结果大多是欲速则不达，甚至有的终生碌碌无为。

第十一课

社会理想与个人理想

学习目标

1. 认知：了解理想与现实、社会理想与个人理想的辩证关系，理解有关人生理想的人生问题。

2. 情感态度观念：顺应潮流，树立崇高的人生理想。

3. 运用：自觉地把个人发展融入社会发展之中，确立崇高的人生理想。

学习重点

1. 社会理想与个人理想的关系。

2. 积极创造实现人生理想所必需的条件。

学习难点

1. 正确对待理想与现实的矛盾。

2. 认清实现理想的长期性、艰巨性和曲折性。

导入新课

要把理想和现实结合起来

从前，有两个饥饿的人得到了一位长者的恩赐：一根鱼竿和一篓鲜活硕大的鱼。其中，一个人要了一篓鱼，另一个人要了一根鱼竿，然后他们分道扬镳了。

得到鱼的人原地就用干柴搭起篝火煮起了鱼，他狼吞虎咽，时间不长就连鱼带汤吃了个精光，甚至还没有来得及品出鲜鱼的肉香。不久，这个人便饿死在空空的鱼篓旁。另一个人则提着鱼竿继续忍饥挨饿，一步步艰难地向海边走去，可当他已经看到不远处那片蔚蓝色的海洋时，他浑身的最后一点力气也使完了，他只能眼巴巴地带着无尽的遗憾撒手人间。

又有两个饥饿的人，他们同样得到了长者恩赐的一根鱼竿和一篓鱼。只是他们并没有各奔东西，而是商定共同去找寻大海。他俩每次只煮一条鱼，经过遥远的跋涉，来到了海边。从此，两人开始了捕鱼为生的日子，几年后，他们盖起了房子，有了各自的家庭、子女，有了自己建造的渔船，过上了幸福安康的生活。

讨论：一个人不能只顾眼前利益，否则只能获得短暂的满足；既要面对现实，又要有长远的目标与理想，才能有成功。

理想是引导人生的一面旗帜，指引着人生的方向。当代中职生要树立远大理想，立足现实，艰苦奋斗，努力成长成才。同时，理想产生于现实的需要，是时代的产物，是同奋斗目标联系而存在的，我们的理想必须具有实现的可能性。

一、理想源于现实又高于现实

当代中职生憧憬美好的未来，向往、追求一个美好的理想，渴望有一个闪光而又充实的人生，是正常而又合理的愿望。

1. 理想的定义与特征

理想是人们在实践中形成的、具有实现可能性的、对未来的向往和追求，是人们的世界观在奋斗目标上的集中体现。理想是一个闪光的令人神往的字眼，我们应该树立崇高的理想。

理想作为对未来的追求和向往，作为人生的奋斗目标，具有以下几个特征：

第一，理想具有积极性。理想同奋斗目标相联系，驱使人们积极进取。一个人树立了远大理想，他就获得了无穷的力量。为了实现目标，他就会做艰苦的努力，克服各种困难。

第二，理想具有实现的可能性。理想不是空想，也不是漫无边际的幻想，它是建立在对客观事物的科学认识基础上的，只要循着客观事物发展的规律去努力，其实现的可能性是极大的。

2. 理想是人们对未来美好目标的向往和追求

理想是指人们对未来美好目标的向往和追求。理想不是幻想和空想，具有实现的必要的现实条件，经过奋斗最终是可以实现的。而空想缺乏现实客观条件，根本无法实现；幻想有一定客观基础，但是达不到现实的条件。

理想按性质来划分——有科学与非科学、崇高与庸俗之分。判断标准是：符合社会发展规律、为了祖国和人民的利益的理想即是科学的崇高的理想。

理想按内容来划分——生活理想：攒钱买房；职业理想：成名成家；道德理想：见贤思齐；社会理想：改天换地。社会理想是一个人所有理想的出发点和归宿。

3. 理想与现实的关系

理想与现实的关系是辩证统一的，一方面，理想是一定社会历史条件和社会经济的产物；另一方面，理想是比现实更高远、更美好的目标。

我们要正确对待理想和现实的矛盾，一方面，理想和现实是对立的。理想是主观的，现实是客观的。理想是未来的，现实是当下的。另一方面，理想和现实又是统一的。现实中孕育着理想，理想来源于现实，又会成为新的现实。

正确对待理想和现实的矛盾，要克服两种错误倾向：理想脱离现实、用现实否认理想。

重点提示

理想与现实的辩证关系

理想与现实是对立统一的关系。理想与现实是有区别的，它们是对立的：理想源于现实，但不等于现实，而是高于现实；理想是主观的，现实是客观的；理想是未来的，现实是当下的；理想是美好的，现实既有美好的一面，也有丑陋的一面。

理想与现实又是有联系的，它们是统一的：现实孕育着理想，包括理想实现的条件和因素，是理想的基础；在一定条件下，理想可以转化为现实。过去的理想已经变为今天的现实；今天的理想，可以转化为明天的现实。

名人名言

无限的“过去”都以“现在”为归宿，无限的“未来”都以“现在”为渊源，“过去”“未来”的中间全仗有“现在”以成其延续，以成其永远。

——李大钊

青年人应当有远大的理想，又要十分重视任何细小的工作。达到理想的道路是要由无数细小的日常工作积累起来的。

——邓小平

个人追求的目标越高，他的才力就发展得越快，对社会越有益。我确信这也是一个真理。

——高尔基

4. 澄清对于理想的模糊认识

在复杂的现实生活中，不少人包括一些中职生对理想问题存在一些片面的、模糊的看法。澄清这些看法，对于帮助他们走出认识误区，推动他们追求美好未来，具有重要的现实意义。

（1）无用论。有说："人何必一定要有理想？我没有理想，不是也生活得很好吗？"其实，口头上说"我没有理想"或"不必有理想"的人，实际上这正是他的"理想"，只不过是理想的性质不同罢了。人不可能没有理想。人与动物相区别的一个重要标志就是人有理想，能自觉地进行创造性的实践活动。人如果失去了理想，就会同动物相差无几。可以毫不夸张地说，没有理想，青春就将枯萎衰败，生命就会黯淡无光，人生就会失去前进的方向和动力，就只能在生活的大海里随波逐流，碌碌无为，甚至走向堕落和犯罪。

（2）实惠论。有人说："理想理想，有利就想；前途前途，有钱才图。"有人说："讲共产主义理想，解决不了当前的实际问题。"一句话，理想太空，还是"实惠"为好。在这种思想的支配下，一些人失去了人生的奋斗目标，一心只追求轻松的工作、优厚的待遇、漂亮的爱人、舒适的生活。尽管这样的追求也能称得上"理想"，但这种理想只是低层次的，是不可取的。追求远大理想，绝非抛开现实利益。在为远大理想而奋斗的过程中，每一阶段都会给人们带来许多实际的利益。如果只讲眼前"实惠"而忘记了对远大理想的追求，就会损害长远利益。理想不是超脱利益之物，远大理想的追求与现实利益的获得并不矛盾。

5. 在奋斗中将理想转化为现实

理想不能是空想和幻想。理想是人的意识对现实的自觉反映，凝聚着人们对未来的憧憬和希望，召唤、激励着人们把它变成现实，具有能够实现的必要的现实条件，因而经过奋斗最终是可以实现的。

空想缺乏现实客观条件，是根本无法实现的想象。幻想在现实中有一定的根据，但这些根据还达不到实现的必要条件。

理想的实现需要一定的主客观条件，在主观条件中，艰苦奋斗是把理想转化为现实的重要条件，是实现理想的阶梯和桥梁。作为青年学生必须积极创造条件，艰苦奋斗，在社会发展中实现自己的个人理想。

实现理想必须立足于现实，踏实肯干。实现理想必须从点滴做起，要有坚忍不拔的意志。

二、社会理想和个人理想的关系

1. 社会理想是社会的最高奋斗目标

社会理想是社会所追求的奋斗目标，是有多种因素构成的一个统一的整体，是一定社会对未来社会发展图景的总体设计，是民族凝聚力的体现。

各抒己见

现阶段全国各族人民的共同理想是什么？

2. 个人理想是个人在物质生活、精神生活、道德情操和职业等方面的追求和向往

个人理想是和时代发展以及自身成长的不同阶段相结合，综合反映每个人在物质生活、精神生活、道德情操和职业等方面的追求和向往。

3. 社会理想和个人理想的关系是辩证统一的

（1）社会理想决定和制约着个人理想。个人理想以社会理想为导向，社会理想是个人理想的实现的条件，违背社会理想的个人理想很难实现。

（2）个人理想体现社会理想，社会理想以个人理想为基础。社会理想的实现，要靠社会成员当中每个个体的努力奋斗。

例如，在日本侵华时期，梅兰芳蓄胡明志，坚决不给日本人唱戏；而汪精卫则成立了伪政府，为日本侵华服务。在四川汶川地震发生时，有为了保护学生而牺牲的谭千秋老师，也有只顾自己逃生的“范跑跑”。从这些事实中，我们看到任何人的个人理想都是在一定社会条件下产生的，社会理想决定和制约着个人理想。

从我们的飞天之梦的实现，可以看到是许许多多的航天人经过漫长的探索和实

践，最终圆梦的。个人理想体现社会理想，社会是许许多多的个人组成的，社会理想是以个人理想为基础的。

三、理想对人生发展的重要作用

青年学生应该从小树立远大理想，正确处理好社会理想与个人理想的关系。

1. 理想指引着人生前进的方向

理想是一种巨大的精神力量。人在于有志向，有理想。人们为理想去奋斗而创造历史，推动历史前进。流沙河说：理想是石，敲出星星之火；理想是火，点燃熄灭的灯；理想是灯，照亮夜行的路；理想是路，引领我们走到黎明。这是对理想很好的解释。

2. 理想是人生的精神支柱

崇高的理想是人生的精神支柱。一个人只要有了这个精神支柱，就有了对未来美好愿望追求的动力，在逆境中他就会百折不挠，奋勇前进，甚至在死亡威胁面前也毫不退缩；在顺境中他也会谦虚谨慎，不满足现状，保持永远进取的精神状态。身残志坚张海迪的榜样说明：理想是人生的精神支柱。

重点提示

理想为人生指明了未来前进的道路，一个人有了远大的理想，不论怎样的波折都不会迷失奋斗的方向。理想是人的精神追求，支撑着人生活动的展开，丰富着人生的意义。

一方面，对理想的追求，激励人们克服人生道路上的各种阻碍，攻坚克难，不断前进；另一方面，理想也是不断地战胜自己、超越自我，追求更高的目标的内在动力。

3. 理想是人生进步的指南针

理想是对未来的展望和向往，指引人们在人生道路上努力进取。因此，理想是人生旅途的指南针。

名人名言

立志当高远。立志做大事。立志须躬行。

——袁隆平

世界是你们的，也是我们的，但是归根到底是你们的，你们青年人朝气蓬勃，正在兴旺时期，好像早晨八九点钟的太阳，希望就寄托在你们身上。

——毛泽东

四、确立崇高的人生理想

1. 人生理想是多层次、多方面的

理想不仅仅是多方面的，而且是多层次的。每个人都有一定的理想，这种理想决定着他的努力和判断方向。

2. 确立崇高的人生理想的要求

第一，认真学习马克思主义理论，掌握认识世界的思想武器。

第二，正确认识和把握人类社会的发展规律。

第三，要客观分析自身条件，确立适合自己发展的人生理想。

第四，理想的确立是一个逐渐深化的过程，不应随意改变。

3. 在社会发展中确立自己崇高的人生理想

当代中职生正是树立崇高理想的黄金时代，应该追求什么样的理想，应该为什么样的理想而奋斗，是至关重要的人生选择。

（1）追求崇高的社会理想。

社会理想在理想的层次结构中居于最高层次，是人生最根本最重要的理想，它是构成人的整个理想的基础。在人类理想的发展史上，只有共产主义理想是最科学、最崇高的理想。因此，作为新时代的中职生，只有逐步树立共产主义的崇高理想，才能更好地成长，为人民做出贡献。

在历史上，大凡对人类进步事业做出贡献的人，都是从学生时代起就高擎理想的火把，树立远大的奋斗目标的。马克思中学毕业时就立下了为人类幸福献身的崇高志

向；毛泽东在青年时代就立下了“改造中国与世界”的人生目标；周恩来少年时代就立下了“为中华之崛起而读书”的远大抱负。可见，一个人在青年时期树立什么样的理想，对他一生为社会贡献及贡献大小，具有举足轻重的作用。

（2）追求适应社会需要的职业理想。

职业理想在人生中占有重要位置，起着较大的作用。它是成就事业、推动社会进步的精神力量，是每个人事业心的集中体现。职业理想人人有之，但由于人们有不同的需要、兴趣、性格、爱好与特长，各人有各人的职业理想。由于现代社会分工越来越细等原因，尽管社会在安排每个人的工作时，应尽可能照顾个人的特长与志愿，以使人尽其才，各得其所，但要使每个人的兴趣、爱好、特长都得到满足，还是难以做到的，也是不现实的。马克思曾经讲过：我们总是不能选择我们自己认为合适的那种职业的。人们并不能随心所欲地创造自己的历史，并不是全在他们自己选定的条件下创造，而是在直接碰到的、客观规定的、从过去继承下来的条件下创造。

青年学生具有美好的职业理想固然是重要的，然而，我们毕竟是生活在一定的社会现实环境中，职业理想的实现必然要受到社会环境条件的制约，这是毫不奇怪的。遇到这种情况，我们不能只看到“山重水复疑无路”，而应该从社会主义现代化建设的实际需要出发，主动调整个人的职业理想，适应现实的环境条件，在社会所需要的工作岗位上培养新的兴趣、爱好和志愿，去寻找那“柳暗花明又一村”。

4. 实现远大理想需要始于足下

当代中职生更应该深刻地理解远大理想与始于足下的关系。崇高理想的实现需要一点一滴地奋斗，脚踏实地的实践是达到胜利彼岸的桥梁。通往理想的路是遥远的，但起点就在脚下，在一切平凡的岗位上，在扎扎实实的学习和工作中。

古人说：“合抱之木，生于毫末；九层之台，起于垒土；千里之行，始于足下。”志存高远给了人生一双搏击长空的翅膀，始于足下则使人生的腾飞成为一种可能。志存高远的魄力固然可嘉，但如果没有脚踏实地的始于足下，那么那曾经的豪言壮语也都只不过是一场烟云浮华。鸿鹄之志有如灯塔，指引生命的航船走过低洼，始于足下有如启动马达，推动着人生走过风浪勇闯天涯。始于足下的事业需要高远志向的引领，不论多么崇高的理想信念都要靠一步一步地脚踏实地去践行。

伟大出自平凡。对于个人的发展是如此，对于国家这个整体来说更是这样，社会需要杰出人物，更需要千千万万个普通劳动者去脚踏实地地努力。每一步、每一个小目标的完成都会给人一种踏实感、满足感，同时也增强了实现理想目标的信心。对于我们中职生来说，要从学好每一门功课、培养各方面能力、提高基本素质做起，抓住大好时光，刻苦攻读，全面锻炼，为今后实现自己的理想做好准备、打好基础。在理想与现实之间，相隔的并不是鸿沟，而是我们的脚步。

当代中职生要想实现自己的人生理想，就必须不断努力，坚定信念，自强不息，通过自己不断的努力，将对家庭、对社会、对国家的责任付诸实际行动，用自己的勤奋努力和顽强的意志实现自己的理想。

五、在实践中化理想为现实

理想是人类力量的源泉，理想的伟大力量驱动着人们不懈地去追求、去奋斗。理想的实现不可能一蹴而就，在实现理想的过程中，我们总会经历顺境与逆境。顺境中前进，如同顺水行舟，天时、地利、人和等有利因素，使人们很容易实现目标和理想。但顺境中的宽松气氛、优越条件，又容易使人滋生骄娇二气，自满自足，意志衰退。逆境中奋斗，犹如逆水行舟，需要人们付出更大的努力和更多的艰辛，才能实现目标和理想。

1. 认清实现理想的长期性、艰巨性和曲折性

在漫长的人生道路上，没有理想，人就没有了奋斗的方向。实现崇高的理想，要从我做起，从现在做起，从平凡的工作做起。在顺境中，我们要尽可能迎高潮而大上，乘顺风而快进，抓住机遇不断丰富与完善自己。在逆境中要实现理想、创造未来，我们就必须有战胜种种艰难险阻的信心和坚忍不拔的毅力。在实现理想的重任中，遭遇到一点困难、曲折或失败，就灰心丧气、悲观失望甚至动摇理想信念的人，不可能将理想最终变为现实，也不可能体会到实现美好理想的幸福。

因此，当一个人身处顺境时，切莫得意忘形，因为顺境可能只是一时的，必须做好遇到逆境的准备；当一个人身处逆境时，也勿悲观失望，只要勇于战胜逆境，顺境就在前面。只要善于利用顺境，勇于正视逆境和战胜逆境，远大的理想就一定能够实现。

2. 正确认识理想与现实的关系是实现理想的思想基础

人们在确立理想和追求理想的过程中，常常会感受到理想与现实的矛盾。对于思想活跃和敏感的中职生来说，也容易对理想与现实的矛盾产生困惑，这就需要正确认识和把握理想与现实的关系。人的理想越符合于自然界和社会发展的现实过程，就越能显示它的巨大鼓舞力量。只有理想与现实紧密结合，理想才能得以实现。

3．勇于实践、艰苦奋斗是实现理想的根本途径

理想必须通过实践才能转变为现实。再好的理想，如果不付诸行动，就没有实际意义。历史上，凡有成就者，其渊博的知识、卓越的才能、闪光的智慧、不朽的业绩，多是从艰苦奋斗中得来。艰苦奋斗是成就伟业不可或缺的条件。一个没有艰苦奋斗精神作支撑的民族，是难以自立自强的；一个没有艰苦奋斗精神作支撑的国家，是难以发展进步的；一个没有艰苦奋斗精神作支撑的政党，是难以兴旺发达的。讲艰苦奋斗，并不是要无谓地自讨苦吃，而是为了实现既定的理想，不怕吃大苦、耐大劳，不惜献出自己的一切。在通向理想的道路上，在实现理想的过程中，没有艰苦奋斗的精神，理想是不会自动转化为现实的。在中国，在世界，在各行各业中，具有远大而崇高理想的人何止千千万万，然而那些缺乏或失去崇高理想而走向绝路的人也大有人在。

当代中职生要把敢于吃苦、勇于奋斗的精神落实到日常的学习、生活和工作中。在学习上，刻苦钻研、不畏艰难，孜孜不倦地学习理论和专业知识，不断提高思想道德和专业知识水平；在生活上，提倡艰苦朴素、勤俭节约，抵制和反对铺张奢华的思想和生活作风；在工作上，奋发图强，不怕困难，不避艰险，努力完成各项任务。践行艰苦奋斗精神，是当代中职生实现理想的根本途径。

重点提示

坚持以辩证唯物主义和历史唯物主义为指导，正确认识人类社会发展和自身实际：既要正确认识当代资本主义经济、科技发展的现实，又要正确认识资本主义社会的基本矛盾和发展趋势；既要认识当代社会主义发展过程中出现曲折和反复，又要正确认识社会主义制度的强大生命力和巨大优越性；既要看到自身发展中存在的困难和差距，又要看到良好的社会环境和自身的特长与优势，自觉地把个人进步与社会发展结合起来，确立自己崇高的人生理想并为之奋斗。

知识梳理

一、理想源于现实又高于现实

1．理想的定义与特征

2．理想是人们对未来美好目标的向往和追求

3．理想与现实的关系

4. 正确对待理想和现实的矛盾

5. 在奋斗中将理想化为现实

二、社会理想和个人理想的关系

1. 社会理想

社会理想是社会所追求的奋斗目标，是由多种因素构成的一个统一的整体，是一定社会或阶级对未来社会发展图景的总体设计，是社会成员的共同追求，是民族凝聚力的体现。

2. 个人理想

个人理想是个人在物质生活、精神生活、道德情操和职业等方面的追求和向往。它是社会成员根据自己周围的客观条件和自己的主观条件所确立的，个人理想包括生活理想、职业理想、道德理想、政治理想等。

3. 社会理想和个人理想的关系是辩证统一的

三、理想对人生发展的重要作用

1. 理想指引着人生前进的方向

2. 理想是人生的精神支柱

3. 理想是人生进步的指南针

四、确立崇高的人生理想

1. 人生理想是多层次、多方面的

2. 确立崇高的人生理想的要求

3. 在社会发展中确立自己崇高的人生理想

4. 实现远大理想需要始于足下

五、在实践中化理想为现实

1. 认清实现理想的长期性、艰巨性和曲折性

2. 正确认识理想与现实的关系是实现理想的思想基础

3. 勇于实践、艰苦奋斗是实现理想的根本途径

思考题

1. 简述理想与现实的辩证关系。

2. 如何正确对待理想与现实的矛盾？

3. 简述社会理想与个人理想的辩证关系。

4. 实现人生理想需要哪些条件？

5. 如何理解实现理想的长期性、艰巨性和曲折性？

小论文

背诵该诗并以此为题写一篇 500 字的小论文。

理想

有它，无它，不一样
有它，像船儿有桨
能漂滩，能斩浪
无它，像一只花公鸡
只知为觅食奔忙
有它，即使天黑下来
也看得见光亮
无它，纵然在大白天
眼前也一片迷茫
它的名字叫——理想

案例分析

时刻提醒自己永远努力

在当今“学历至上”的年代，中职学校毕业这样的起点，不免让人感觉有些卑微。但“80 后”的韩晶中职毕业后已经在平凡的岗位上取得了不凡的成绩，成为北京地坛医院的团委书记。

护校一毕业，韩晶就来到地坛医院——一家传染病专科医院工作。此后，“非典”“甲流”等便成了她工作中的关键词。

刚到地坛医院不久，韩晶就申请做了红丝带之家的防治艾滋病志愿者，她是医院里最早的一批志愿者。2003 年的“非典”时期，22 岁的她第一批就进入了“非典”病房。“医院给安排了个特区病人，很忙，没空回家，有事打电话。”韩晶在做医生的母亲那里撒了个谎，怕母亲、更怕心脏不好的父亲知道后担心。2005 年，她开始兼任红丝带之家的秘书，全面负责志愿者中心和网络工作。2008 年 4 月，她牵头申请了美国比尔·盖茨基金会“艾滋病病人同伴教育员”项目，成功组建了北京地区第一支艾滋病病人同伴教育员队伍。如今，红丝带之家的志愿者队伍已由最初的几十人增至2万余人。

“虽然在护校打下的护理功底很扎实，但要高标准完成各项传染病防控任务，我觉得自己的知识还远远不够。”“作为一名护士，没有爱心和真功夫很难实现自己的理想，我经常有种责任感和危机感，时刻提醒自己要永远努力。”韩晶说。

分析：韩晶就是这样立足平凡工作岗位，努力学习，锐意进取，在汗水中体味充实的快乐，实现着自己的梦想。

第十二课

理想信念与意志责任

学习目标

1. 认知：了解理想信念与意志、责任之间的辩证关系，加强社会责任感。
2. 情感态度观念：坚定信念，坚强意志，勇担责任。
3. 运用：坚定信念，增强意志，肩负起社会责任，在履行职责中把理想变为现实。

学习重点

1. 理解理想信念对人生成长所起的重要作用。
2. 培养青年学生树立为实现理想信念所必需的意志与责任。

学习难点

1. 通过努力把理想变为现实。
2. 培养青年学生树立为实现理想信念需具备的意志与责任。

导入新课

1983 年 7 月，束滨霞初中毕业来到辽河油田采油一大队，成为石油队伍里的一员。她立志要成为王进喜那样的石油工人。她的理想实现了，她现在是采油高级技师，全国五一劳动奖章、中华技能大赛一等奖获得者。

多年来，她坚持工作在采油第一线，潜心钻研采油技术，掌握了过硬的业务技能，探索和总结出碰泵“七个一”操作法、油井动态管理法和“三账一卡一图”成本控制法等先进、科学的管井方法，为开创老油井增产新路做出重要贡献。

她 17 岁刚工作时，有一次在巡井时发现“齐 5—10”号井往外冒油。眼看着油井呼呼地往外喷油，她心疼、着急，可就是不知道该怎么处理。无奈，她急忙跑回站上找师傅。师傅一听便说，这是盘根坏了，需要更换一副新的盘根。来到井上，师傅一边教她如何换盘根，一边语重心长地对她说：“光有对油田的热爱是不够的，一名合格的采油工必须有真本事。”

从此，束浜霞把对油田的热爱变成了学习的动力。上班时，她一招一式地反复练习操作要领，熟中求快，快中求精；晚上回到家里，一本本厚厚的专业技术书籍成了她每晚的必修课，钢笔和笔记本每晚与她相伴，边看边写笔记已经成了她的习惯。站上的女工说：“她跟我们一样上班，还时不时地加个班。她能学习那么多的书，写出那么多的笔记，记下那么多的数据，用的全是下班后的休息时间。说到底，靠的是一种毅力。”

讨论：

1. 束滨霞从一名初中毕业生成长为一名高级技师，她的成长经历给我们什么启示？

2. 理想的实现需要坚强的意志，结合束滨霞的事迹，谈谈你对这一观点的看法。

一、理想与信念的关系及作用

对于一个人而言，理想的实现需要坚定的信念、顽强的意志和自觉的责任。

1. 信念的含义与特征

信念是人们在一定认识基础上确立的对某种思想和理想坚信不疑并身体力行的心理态度和精神状态。信念具有以下几个主要特征：

（1）复合性。

信念是人的认识、情感、意志的统一体。信念中包含一定的认识，如果没有这些认识或观念，人们就没有所相信的对象，从而也就不会有信念。坚定的信念往往伴随着炽热的感情。也正因为如此，信念也总是在感情的驱使下导致相应的行动。

（2）稳定性。

信念一旦形成，就不会轻易改变。因为信念是在人生实践中逐步形成的，其中积淀了一个人多年的生活经验，包含了社会环境对他的长期影响。当然，信念的稳定性不是绝对的，信念作为一种精神现象是对现实的反映，它必然会随着客观实际的改变而有所变化。信念的变化并不可怕，只要信念能不断调整和完善，与时俱进，它就能从现实中获得更多的支持，从而更有活力。

（3）执着性。

坚定的信念会使人全身心投入到信念所要求的事业中去，精神上高度集中，对自己相信和追求的事情全神贯注，态度上对于自己的事业充满高度的热情，而且在行为上坚定不移、始终不渝。当然，信念的执着性并不意味着盲目地排外，并不意味着迷信、盲从、狂热以至失去正常的理智，而是应该保持比较广泛的社会联系，倾听现实的声音，并保持判断是非的能力。

2. 理想与信念的关系

理想和信念既密切联系，又有区别。其中，理想是人们为自己确立的奋斗目标和方向，信念是人们对自己所追求的理想目标表现出来的孜孜以求、不懈奋斗的意志力。理想是信念的延伸和体现，信念是理想的基础和支撑。

追求一种理想，意味着坚信这种理想是正确可行的，而这种坚信本身就是一种信念。信念是人们在一定认识基础上确立的对某种思想和理想坚信不疑并身体力行的一种状态。

3. 理想与信念对人生成长有着重要作用

理想信念对于人生至关重要，它在人生实践中起着不可替代的作用。为什么？人生应该具有崇高的理想和坚定的信念，这既是国家和社会对个人的要求，同时也是个人发展进步的需要。就国家而言，众多拥有崇高理想信念的个体，是国家和社会得以发展进步的基础；就个体而言，拥有理想信念的人生是充实而幸福的，而没有理想信念的人生则是空虚、痛苦和可悲的。

名人名言

理想，能让所有不幸的人感到快乐。

——高尔基

一个人追求的目标越高，他的才力就发展得越快，对社会就越有益，我坚信这是一个真理。

——高尔基

4. 理想的实现是有条件的

一个人拥有崇高的理想信念，是国家社会得以发展进步的基础，个人的生活才能是充实和幸福的。但只有通过追求理想的实际行动，理想才能变成现实。实现理想的主观条件包括坚定的信念、顽强的意志、自觉的责任，等等。

各抒己见

理想的实现需要具备的主客观条件主要有哪些？

二、理想与信念对中职生成长成才的重要意义

理想信念对于人生至关重要，它在人生实践中起着重要的、不可替代的作用。

1. 引导中职生做什么样的人

人的理想信念，反映的是对社会和人自身发展的期望。在争做“四有新人”中，“有理想”是首要的。这表明理想信念与做什么样的人关系重大。做一个什么样的人是中职生最重要的人生课题和发展方向。理想信念首先引导中职生做一个什么样的人。远大的理想和崇高的信念将帮助我们扬起生命的风帆，开辟和探索人生新的航程。

2. 引导中职生走什么样的路

我们面临着人生许多的重大课题，都需要有一个总的目标和原则，这就要确立科学、崇高的理想信念。苏联著名作家《钢铁是怎样炼成的》的作者尼·阿·奥斯特洛夫斯基曾对远大而崇高理想的重要性做过精辟的分析。他说：“自私自利的家伙完蛋得最早。须知，他只是为了自己才孤独寂寞地活在空虚的世界上。一旦抹掉了他们这个‘我’字，他就一切都完了，活着对他来说，再也没有任何意义了！但是如果一个人不是为了自己而活着，而是为了整个社会呕心沥血，那就很难将他毁灭。因为这样一来，就首先要毁灭他周围的一切，毁灭整个国家和整个生活。我个人的死亡，只是自己生命的消失，可是我们的大军却排山倒海，蓬勃向前。”

3. 激励中职生为什么学

对当代中职生而言，为什么学的问题，是与走什么路、做什么人的问题紧密联系

在一起的。中职生只有树立崇高的理想信念，才能明确今后努力方向。中职生应该具有强烈的使命感和责任，坚定社会主义信念，树立远大的人生志向，胸怀祖国，放眼世界，为建设中国特色社会主义事业而不断奋斗。当代中职生必须树立为祖国而学习的理想，坚定信念，只有这样，才能成为一个合格的人才。

小故事

李凯军，一汽集团公司所属铸造有限公司铸造模具厂的一名模具制造钳工，1989年7月从一汽技工学校钳工专业毕业。他在学校时就立下当一名高级技工的志向。他在平凡的工作岗位上，履行着一个工人的职责：刻苦钻研技术，苦练钳工技能。

在工作中，李凯军是一个有责任心、敢于创新的人。他打破了模具装配平装的传统工艺，创造了模具竖装法，不但定位准确、速度快，而且解决了模具因平装容易造成模具损坏和人员伤害的难题。他还急企业之所急，自行研制了一个拔模器，解决了废件滞留在型腔内无法取出的难题，避免了整套模具的报废，确保了生产的顺利进行。他忘我工作，无私奉献，经常加班加点，节假日不休息，一心扑在工作上。由于工作业绩突出，他获得多项奖励和表彰。

思考：

1. 结合李凯军的事迹，说明理想信念与责任的关系。
2. 有人说，有强烈责任心的人才能成功，请结合案例谈谈你的看法。

三、实现理想要有坚定的信念

1. 信念是实现理想必须具备的主观条件

要实现理想，就要努力追求理想。坚定的信念、执着的追求、不懈的奋斗是通向理想彼岸的桥梁。

2. 信念的特点

信念具有复合性、稳定性、执着性和多样性的特点，对实现理想有着重要作用。

3. 信念的作用

在走向理想的过程中，信念是战胜各种困难的支撑力量、集中精力的凝聚力量、持之以恒的稳定力量和聚集各方的感召力量。

小故事

电视连续剧《钢铁是怎样炼成的》播出后，保尔·柯察金作为战士，以牺牲精神和无私奉献而在社会上引发强烈反响，在当代青年中重新掀起了"保尔热"。微软总裁比尔·盖茨是知识经济时代的杰出人物，在为自己挣得财富和名声的同时，大大地影响和改变了人类社会的生活和生产方式。

为什么保尔和盖茨在今天能够同时成为当代中国青年钦佩不已的理想楷模？保尔和盖茨虽然生活的时代不同，意识形态迥异，但他们都在激情飞扬的青春年代，用才智与勇气书写了大写的人生，他们的共同之处在于：身处大变革的时代，能够凭借敏锐的头脑和知识，顺应历史发展的趋势，确立远大的志向和崇高的理想，并通过努力使之得到圆满的实现。一个以青春和热血谱写了一曲理想主义的壮丽诗篇，一个以非凡的远见和卓越的创造力，将实现人类无界限沟通的理想，借助高科技手段奇迹般展现于世界。正是他们高远的志向及其脚踏实地的实干精神，赢得了当代中国青年的崇敬和爱戴，成为了青年们的楷模。

4. 坚定信念以推动理想的实现

信念不是天生的，是可以培养的，也是可以改变的。如何坚定信念以推动理想的实现？

（1）要树立正确的信念，就要刻苦学习马克思主义和科学知识，以形成正确的认知。

（2）要有炽热的感情，主动地去身体力行。

（3）要有良好的精神状态和行为状态。

（4）要与时俱进，从而在现实不断变化的考验中变得更加完善、更加坚定。

小故事

一壶沙子变成了一壶清冽的水

浩瀚的沙漠中，一支探险队在艰难地跋涉。头顶骄阳似火，探险队员们口干舌燥，挥汗如雨。最糟糕的是，他们没有水了。队员们一个个像塌了架，丢了魂，不约而同地将目光投向队长。这可怎么办？

队长从腰间取出一个水壶，两手举起来，用力晃了晃，惊喜地喊道："哦，我这里还有一壶水！但穿越沙漠前，谁也不能喝。”沉甸甸的水壶从队员们的手中依次传递，原来那濒临绝望的脸上又显露出坚定的神色，一定要走出沙漠的信念支撑他们跌跌撞撞，一步一步地向前挪动。看着那水壶，他们抿抿干裂的嘴唇，陡然增添了力量。

终于，他们死里逃生，走出了茫茫无垠的沙漠，大家喜极而泣之时，久久凝视着那个给了他们信念支撑的水壶。

队长小心翼翼地拧开水壶盖，缓缓流出的却是一缕缕沙子。他诚挚地说：“只要心里有坚定的信念，干枯的沙子有时也可以变成清冽的泉水。”

提示：在沙漠里，干枯的沙子有时候可以是清冽的水，只要你的心里驻扎着拥有清泉的信念。“这个世界上，没有人能够使你倒下。如果你自己的信念还站立着的话。”这是著名的黑人领袖马丁·路德·金的名言。即使在最困难的时候，也不要熄灭心中信念的火把，坚定信念是奠定实现理想的基础。

四、实现理想要有坚强的意志

1. 意志的定义

意志是人自觉地确定目的并支配行动、克服困难、实现目的的心理状态和自决能力，即人的思维过程见之于行动的心理状态和自决能力。

2. 具有坚强的意志是实现理想所必要的主观条件

人的意志以具有明确的目的性为特征，它既能发动符合于目的的某些活动，又能制止不符合于目的的某些活动，人的意志与克服困难相联系，克服困难的过程也就是意志行动的过程。人们在实现理想的道路上不会一帆风顺，必然会遇到各种困难，没有坚强的意志是无法前进的。

小故事

卧薪尝胆

有一个成语叫“卧薪尝胆”，说的是越王勾践以俭养志的故事。春秋时期，越国被吴国打败，越王勾践做了俘虏，给吴王夫差养马三年。回国之后，勾践立志报仇雪恨。

他唯恐舒服的日子消磨意志，就把软绵绵的褥子撤下去，拿柴草当褥子；在屋梁上挂一个苦胆，每逢吃饭的时候都要用舌头舔一舔，以示不忘苦难，以激励自己的斗志。就这样，勾践东山再起，终于打败了吴国，报了国仇。

意志是实现理想所必要的主观条件。人在实现理想的道路上不会一帆风顺，必然会遇到这样那样的许多困难，没有坚强的意志是无法前进的。因此，具有坚强的意志是实现理想所必要的主观条件。

3. 增强意志为实现理想提供保证

在实现理想的过程中，良好的意志品质可以使人认准目的、坚定不移，可以不惧压力、迎难而上，可以审时度势、积极应对，可以把握自己、调节情绪，从而为实现人生理想提供重要保证。

4. 要加强意志锻炼

意志不是自然形成的，必须经过长期的锻炼培养和多方面的打造。锻炼意志包括以下方面：

（1）形成积极坚定的世界观、人生观和信念；

（2）掌握必需的知识和技能；

（3）培养深厚浓重的情感；

（4）参加各种必要的社会实践；

（5）学习各方面做人的榜样；

（6）在日常生活中加强自身的修养等。

小故事

第一千零一十次推销

“肯德基”的标志是一位外国老人，身穿白西装，态度和蔼可亲，他就是桑德斯上校。他是全世界最大的速食炸鸡连锁店的创办人，一个 65 岁才开始创业的人。

桑德斯上校退役后，身无分文，拿到的救济金只有 105 美元。他问自己：我到底还有什么资源可以利用呢？我还能对人们做些什么贡献呢？他冥思苦想，突然想起自己有一份秘方，那是一种炸鸡的秘方，人人都可能喜欢它。我何不把这份秘方卖给哪家餐馆，教他们如何制作？

在后来的两年里，桑德斯驾着自己那辆“老爷车”，穿着可笑的白西装，足迹遍及美国的每一个角落，逢人便叫卖他的秘方。他被拒绝了 1 009 次，直到第 1 010 次，才听到一声“同意”。现在，“肯德基”成了世界上最大的炸鸡连锁店。

一个人的意志坚强与否、坚强程度如何，往往是在克服困难的过程中磨砺的。许多志士仁人都经历过刻苦锻炼以形成顽强意志的过程。

小故事

林俊德入伍 52 年，参加了我国全部核试验任务，为国防科技和武器装备发展倾尽心血，在癌症晚期，仍以超常的意志工作到生命的最后一刻。

2012 年 5 月 4 日，他被确诊为“胆管癌晚期”。为了不影响工作，他拒绝手术和化疗。5 月 26 日，因病情突然恶化，他被送进重症监护室。醒来后，他强烈要求转回普通病房。他说：“我是搞核试验的，一不怕苦，二不怕死，现在最需要的是时间。”

林俊德住院期间，整理移交了一生积累的全部科研试验技术资料；多次打电话到实验室指导科研工作。5 月 31 日上午，已极度虚弱的林俊德，先后 9 次向家人和医护人员提出要下床工作。于是，病房中便出现了震撼人心的一幕：病危的林俊德，在众人的搀扶下，向数步之外的办公桌，开始了一生最艰难也是最后的冲锋……

5 小时后，心电仪上波动的生命曲线，从屏幕上永远地消失了。这位军人，完成了生命中最后的冲锋。

思考：林俊德身上体现了一种什么精神？给我们什么启示？

五、实现理想与人生责任

1. 理想的实现与个人的责任有密切的联系

责任是指分内该做之事，即承担应当承担的任务，完成应当完成的使命，做好应当做好的工作。责任是外在义务要求和自我担当的结合。

大到“天下兴亡，匹夫有责”，小到“单位的荣誉便是我的荣誉”，都是责任的细化和具体要求。如何理解理想的实现与个人的责任的联系？每一个人都应当懂得自我约束、自我监督，承担自己言行所造成的后果，即对自己的学习、生活、理想及价值负责。一个有了崇高理想的人，也应当是一个高度负责的人。

小故事

从容指挥救灾的县长

经大忠，男，羌族人，44 岁，中共党员，四川省绵阳市北川羌族自治县县委副书记、县人民政府县长。在汶川大地震中，北川县是受灾最严重的县。地震发生时，北川县长经大忠正在开会，他果断地组织与会人员疏散，并用最快的速度将县城里的 8 000 多名幸存群众集中在安全区域。全面的救援工作展开以后，经大忠成为北川抗震救灾前线指挥部副指挥长，始终战斗在第一线。

2008 年 5 月 14 日下午，经大忠带领工作人员在废墟中救起了一个小女孩。当经大忠抱着孩子往担架跑的时候，孩子一直在哭泣。经大忠摸着她的脸，安慰她："别怕，孩子，爸爸救你来了！"地震发生后，经大忠 3 天 3 夜没有合眼，他说："群众是我们的兄弟姐妹，只有我们舍命，被埋的人才有更大的希望获救。"

震后，北川县城大部分被埋。经大忠家中的 6 个亲人全部遇难。

2009 感动中国人物颁奖词中说：千钧一发时，他振聋发聩，当机立断；四面危机时，他忍住悲伤，力挽狂澜！他和同志们双肩担起一城信心，万千生命。心系百姓、忠于职守，凸显共产党人的本色。

2. 人要有强烈的社会责任感

我们每个人都要有强烈的社会责任感，要对自己、家庭、将来的职业负责，尤其要对国家和社会负责。

理想信念对人生成长有着重要作用，实现理想要有坚定的信念、坚强的意志和强烈的社会责任感，只有这样，才能既实现自己的人生理想，又取得人生的成功。

知识梳理

一、理想与信念的关系及作用

1. 理想与信念既有区别，也有联系

（1）区别：理想是人们为自己确立的奋斗目标和方向。信念是人们对自己所追求的理想目标表现出来的孜孜以求、不懈奋斗的意志力。

（2）联系：理想是信念的延伸和体现。信念是理想的基础和支撑。

2. 理想信念对人生成长有着重要作用

3. 理想的实现是有条件的

二、理想与信念对中职生成长成才的重要意义

1. 引导中职生做什么样的人

2. 引导中职生走什么样的路

3. 激励中职生为什么学

三、实现理想要有坚定的信念

1. 信念是实现理想必须具备的主观条件

2. 信念的特点

3. 信念的作用

（1）信念是战胜各种困难的支撑力量。

（2）信念是精力集中的凝聚力量。

（3）信念是持之以恒的稳定力量。

（4）信念是聚集各方的感召力量。

4. 坚定信念以推动理想的实现

四、实现理想要有坚强的意志

1. 意志的含义

2. 具有坚强的意志是实现理想所必要的主观条件

3. 增强意志为实现理想提供保证

4. 要加强意志锻炼

五、实现理想与人生责任

1. 理想的实现与个人的责任有密切的联系

2. 人要有强烈的社会责任感

思考题

1. 简述理想信念与意志、责任之间的辩证关系。

2. 如何才能把理想变为现实？

3. 理想信念对人生成长有哪些重要作用？

4. 如何培养坚定的意志与强烈的责任感？

课后练习

在班级开展“近期目标和长远目标”的问卷调查，依据调查问卷情况，进行以理想和责任为主题的演讲比赛，并在班级开展“理想·责任标兵”评比活动。

案例分析

大连市公交双层巴士司机黄志全，行车途中突然心脏病发作，在生命的最后一分钟里，他做了三件事：把车缓缓地停在路边，并用生命的最后力气拉下了手动刹车闸；把车门打开，让乘客安全地下了车；将发动机熄火，确保了车和乘客的安全。他做完了这三件事，趴在方向盘上停止了呼吸。他只是一名平凡的司机，在生命的最后一分钟里做的一切也并不惊天动地，然而许多人却牢牢地记住了他的名字。

分析：

1. 为什么许多人牢牢地记住了黄志全的名字？
2. 请你谈谈对“人生责任”的理解。
3. 作为一名中职生，怎样才能成为一名高素质的劳动者？

实践拓展

某中职学校举行了“中职生怎样度过三年学习生活”的调查。调查结果表明，大多数同学的心态比较正常，但也有两种情况值得引起注意。

第一种情况是，个别同学厌学情绪严重。他们认为，学习没多大意思，不学习照样能做好工作。

第二种情况是，生活没目标，对将来没打算，混日子。

召开一个讨论会，分别对这两类同学的认识发表你的意见，并说说自己的打算。

第五单元

在社会中发展自我 创造人生价值

第十三课

人的本质与利己利他

学习目标

1. 认知：了解自然属性是人存在的基础，社会属性是人的本质属性，明确公与私、义与利的内涵。理解个人与社会的关系，个人与集体的关系，公与私、义与利的关系，利己和利他的关系。

2. 情感态度观念：把握人的本质，积极融入社会。正确处理人生中遇到的矛盾和挫折，形成正确的人生观、价值观。

3. 运用：能运用所学知识在生活中正确处理好个人、集体与社会的关系，把国家利益、集体利益放在个人利益之上，正确进行人生选择。

学习重点

1. 社会性是人的本质属性。

2. 个人和社会的关系问题。

3. 正确处理公与私、义与利的关系。

学习难点

1. 社会性是人的本质属性。

2. 如何看待个人成才的社会条件。

3. 明白"人人为我，我为人人"的道理。

导入新课

希腊神话中，人面狮身的司芬克斯向路过他面前的每个行人，都说出同样的谜语：早晨用四只脚走路，中午用两只脚走路，晚上用三只脚走路的东西是什么？行人能答出，就放其过去，反之，则将其吃掉。这个著名的司芬克斯之谜的谜底是什么？为什么？

谜底是：人。早、中、晚比喻人一生中的幼年、成年、晚年。

一、人的本质具有社会历史性

人具有自然属性和社会属性两个方面，是自然属性和社会属性的统一。

1. 自然属性是人生存发展的生理基础

人类首先是自然界中的一个组成部分，是自然界长期发展的产物。人的自然属性是指人的生理结构、生理机能和生理需求等，它主要表现在以人的生理结构为物质前提的生理活动，是人类得以生存和延续的前提条件。

(1) 人的自然属性之一：人是自然界的一部分，人的生存离不开自然界；

(2) 人的自然属性之二：人要在自然界生存和发展，总是受到自然规律的制约；

(3) 人的自然属性之三：人与其他动物一样，也有食欲、求生欲等自然欲求。

2. 社会属性是人的本质属性

人的社会属性是指人在社会生活方面的特点，表现在：

第一，人是社会的产物。

第二，人的生产劳动具有社会性，从事生产的人只能是处在一定社会关系中的社会的人。

第三，人的生活具有社会性。人们的物质生活和精神生活的多样需求，必须依赖于社会。

人既有自然属性，也有社会属性，是自然属性和社会属性的统一。但社会性是人的本质属性，这是因为，社会性揭示了人区别于动物的特殊本质，是人类特有的属性，人的社会性制约着人的自然性。

小故事

友爱的世界有多好

2000年1月11日，徐州大黄山煤矿发生漏水事故，63名矿工被困在井下。在生死关头，被困矿工勇敢自救，大家互相传递盛水的胶靴，你一口，我一口，谁也没有为水而争斗。

3. 人是自然属性和社会属性的统一

人是自然属性和社会属性的统一，但社会性是人最主要、最根本的属性，它是决定人之所以是“人”的最根本的东西，这主要表现在以下两个方面：

第一，社会性揭示了人区别于其他动物的特殊本质，即人作为高级动物和其他动物一样，都具有自然性，是自然界的一部分，生存离不开自然界；人在自然界中生存和发展受到自然规律的支配和制约；都具有食欲、求生欲等自然欲求。但是人还有社会性，而且社会性是人类特有的属性，动物不具有该属性。

第二，人的社会性制约着人的自然性。人作为社会性的动物，在进行自然性活动的过程中，渗透着社会性，受社会性的制约，具有鲜明的社会色彩，例如，人与动物都具有食欲，但动物的食欲仅仅是本能的反应，是一种生存，是一种条件反射，是一种自然属性。而人的饮食不仅是一种生存的需要，一种自然属性，同时它还有保持健康，发展体力、智力的需要，并且有社会交往、联络感情的需要，所以自然性受社会性制约。

各抒己见

鲁滨逊一个人在荒岛上生活了28年，他脱离了社会照样生活得很好，这如何解释呢？

4. 把握人的本质，积极融入社会

在社会实践中，每个人都不是孤立的，都必然地要与社会发生各种联系。因此，正确认识和处理社会与个人的关系，既是进行人的正常活动的条件，也是实现自身全面发展、充分展示才华、为社会做出贡献的客观要求。只有把握人的本质，才能领悟人生的真谛，从而对人生有一个科学的认识，并以此指导自己的行动。

二、个人与社会密不可分

人离开了社会，就不能像人一样生活，人和社会是密不可分的。爱因斯坦曾讲过这样一段话："我们吃别人种的粮食，穿别人缝的衣服，住别人造的房子。我们的大部分知识和信仰都是通过别人创造的语言由别人传授给我们的。个人之所以成其为个人，以及他的生存之所以有意义，与其说是靠他个人的力量，不如说是由于他是伟大人类社会的一个成员，从生到死，社会都在支配着他的物质生活和精神生活。"

1. 要正确处理个人与社会的关系

（1）个人与社会之间是辩证统一的关系。

个人是社会中的人，个人的生存和发展离不开社会；社会是由个人组成的，任何社会的存在和发展都是每个人及其集体努力的结果。但是，个人与社会相比较，社会起着根本的、决定的作用。

（2）个人活动与社会发展存在着相互影响、相互制约的关系。

个人活动对社会发展产生能动影响。在性质上，有的人对社会发展起促进或推动作用，而有的人则起阻碍乃至破坏作用。产生这种不同情况的原因是什么？当个人活动符合社会的发展规律，反映了人民群众的根本利益时，就能对社会的发展进步起积极的推动作用；反之，就会阻碍社会的发展。在程度上，个人活动对社会发展的作用有大小之分。由于个人的思想道德素质、科学文化水平、实际工作能力以及主观能动性发挥的程度等不同，因此，个人活动对社会发展所起的作用的大小，也就有所区别，甚至有天壤之别。

小故事

1992 年，我国开始了航天员的选拔和训练工作。选拔具有大本以上学历、身高 1.70 米左右、体重约 65 公斤、年龄 35 岁以下、1 000 小时的飞行经历，除这些以外，还要具备思想作风好、政治素质强、心理稳定、临危不乱等品质。经过一系列严格筛选，最终确定 14 人为中国第一批航天员。之后这 14 人接受了基础理论训练、专业技能训练、飞行程序和任务训练等各项训练。

思考：这 14 人之所以能被选为航天员，除了一定的个人条件外，还需要哪些社会条件？

个人活动受到社会发展的制约。任何人都是在一定的社会环境中生存和发展的，一定社会的生产力状况和生产关系的性质、社会的政治制度、社会的科学文化发展程度和传统文化等条件，都对人的活动产生影响和制约作用。

个人与社会的关系告诉我们：我们个人要想成才，必须具备成才的个人条件和社会条件，应根据社会主义现代化建设的需要和个人的兴趣爱好，充分利用社会提供的成才条件，努力掌握科学文化知识，加强思想道德修养，以便在走上工作岗位后，为社会的进步发挥个人的聪明才智。

2. 要正确处理个人与集体的关系

一方面，个人依赖于集体。作为社会的人，任何人都不能离群而独居。个人一旦脱离社会，游离于集体之外，就无法生存，更谈不上发展。另一方面，个人也作用于集体。集体是由个人组成的，个人状态在不同程度上影响着整个集体，每个个人作用的发挥是集体力量发挥的前提；个人利益满足的程度制约着集体利益的发展。因此，个人与集体的关系如同分子与有机体的关系一样。离开了有机体，分子将失去生命；离开了分子的活动，有机体将会失去活力。个人和集体是相互依存、相互作用的。

3. 正确处理个人、集体与社会的关系

要兼顾个人、集体的利益，坚持以人为本，调动个人、集体的积极性；同时又要坚持集体主义的基本原则，顾全大局，反对本位主义、小团体主义和极端个人主义，以广大人民的根本利益为出发点，把国家利益放在首位，把个人利益、集体利益与国家利益统一起来。

（1）要正确处理个人和他人的关系。

1982 年 9 月，我国核潜艇运载火箭发射成功时，一位诗人采集了紫红色的鲜花，准备献给贡献最大的人。可是，参加试验工作的，有各方面的科学家、工程技术人员、许许多多工人和解放军战士。火箭的总设计师说，全国有成百上千个科研机关、工厂和部队单位，都为研制、生产和发射新型运载火箭做出了贡献。诗人的鲜花也就成为送给成千上万人组成的英雄集体的礼物了。在我们的社会里，集体事业的成功，个人的成长和荣誉的取得，除个人努力外，总是凝结着许多人的心血，是集体成员互相协作的成果。

运载火箭的研制和发射成功是成千上万个单位和个人集体智慧的结晶，不是某一个人的创造，所以不能说谁的贡献最大。核潜艇运载火箭的发射成功是一个集体主义的行为，而不是某一个人的作品，所以不能把鲜花给某一个人。这就是个人、集体与

社会的关系的最好解释。

重点提示

如何正确处理个人和他人的关系？

第一，要尊重人。

第二，要主动关心人。

第三，要尊重他人的正当利益。

个人正当利益是个人生存和发展需要的条件，如个人身体健康，个人基本的生活条件、工作条件和学习条件、个人才能的发挥和发展等。

小故事

有位捕鸟师在湖泽上张开了罗网，撒下了食饵。不一会儿，成群的鸟雀飞来。捕鸟师一拉网，所有的鸟儿都网在了网内。这时有一只大鸟撑开翅膀，所有的鸟雀都奋力齐飞，便带着网一起飞上了天空。捕鸟师抬着头，紧追着鸟网。有人对他说："鸟在天上飞，你凭着两条腿，怎么能追得上啊？"捕鸟师答道："日暮时分，这些鸟儿都要各自回巢，方向一乱，鸟网就一定会掉下来。"说罢，他仍紧追不舍。太阳下山了，网中之鸟有的要飞归树林，有的想回到山崖，有的往东，有的朝西，翻飞争竞，闹成一团，不一会儿，整个鸟网当空落下。捕鸟师连忙上去，所有这些鸟儿都被捕获。

思考：这则寓言说明了什么哲学道理？

（2）要顾全大局，反对小团体主义。

小团体主义主要表现在脱离实际，急功近利，只从本地区、本部门的利益出发，为了眼前的局部利益而牺牲长远的全局的利益。

小团体主义危害：使国家有限的建设资金分散，科研力量分散，建设布局分散，导致基本建设战线过长，固定资产投资规模过大，但生产集中率低，经济效益低，各个企业的竞争力减弱。

小团体主义的实质是极端狭隘的个人主义，必须加以杜绝。

（3）要坚持集体主义，反对个人主义。

集体主义的基本内容之一，就是要把国家利益与社会、集体利益放在首位，把个人利益与国家、集体利益结合起来，这就是说集体主义从内容上看，是与个人主义根本对立的、水火不容的，所以坚持集体主义就必须反对个人主义。

个人主义是以个人为中心，一切从个人利益出发，为了满足个人私欲而不惜损害社会和他人利益的思想与行为。

各抒己见

现实生活中个人主义有哪些表现？

重点提示

个人主义的危害性

第一，从出发点看，个人主义以自我为中心，片面强调个人、家庭的利益，而不顾他人、集体和社会的利益。

第二，从结果看，个人主义把个性解放、个性自由作为人生追求的唯一价值目标。

第三，个人主义片面强调个人兴趣、爱好的至上性，导致人们对社会主义、对集体主义的信仰危机，我行我素，乃至违法犯罪而不能自拔。

三、正确处理公与私、义与利的关系

1. 正确处理公与私的关系

公，就是社会或社会利益；私，就是个人或个人利益。公与私的关系是对立统一的。其对立表现在：它反映了不同的利益对象及其要求；其统一表现在：对全局而言为私的利益，在一个局部就是公共利益，对局部而言为公的利益，在全局就是为私的利益。

小故事

《扬州晚报》曾报道过这样一个消息：某日清晨，扬州一位老太太不小心摔了一跤，一位小伙见状赶紧上前搀扶起老人，但小伙的伙伴却嚷道："你赶紧松手，老太太要是说是你撞倒的，你麻烦可就大了！"小伙马上松手跑掉，老太太再次摔倒在地，伤势变得严重了，股骨头跌碎，胳膊和腿都骨折了。

消息迅速被各大网站转载，成为网友们讨论的大热点。大家都在问这样一个问题：世道人心到底怎么了？难道我们真的面临严重的社会道德危机了吗？

思考：

1. 如果你是这位小伙子，你会怎么做？为什么？

2. 从公与私的角度分析，小伙子担心的是什么问题？

3. 在处理个人利益和社会利益的关系的时候，我们应当注意哪些问题？

不能摆正公与私的关系时遇到事情就会有不同的态度、选择，就会犯各种各样的错误，从而体现了公与私相矛盾的一面，我们必须把握处理好二者关系的重要性。

（1）正确对待公与私的关系要走出拜金主义的误区。

拜金主义的含义：一种金钱至上的思想道德观念，认为金钱不仅万能，而且是衡量一切行为的标准。

拜金主义的表现：为了金钱可以不择手段；把金钱作为生活的唯一目标；把拥有金钱当做人生的最大幸福；把金钱作为评判人生价值的唯一标准。

各抒己见

你对金钱怎么看？列举在政治上、经济上、文化体育上、社会生活中的拜金主义的事例。拜金主义有什么危害？

人与人之间出现损人利己、钩心斗角、尔虞我诈，没有国家、集体、他人的利益，最终导致全社会道德沦丧、物欲横流，危害国家、危害自己。反对拜金主义，树立正确的金钱观。

诺贝尔一生发明很多，经营的企业遍及欧美 20 多个国家，专利权有 355 项，是国际上有名的亿万富翁。可他并没有用大量的财富来满足个人的享受，甚至没有一个固定的家。他说："金钱这种东西，只要能够解决个人的生活就行了。"逝世前，他立了遗嘱，把自己的财产作为基金，每年用其利息作奖金，奖励和表彰在科学、文学与和平事业上做出杰出贡献的人，以此促进科学事业的发展，使科学更好地造福人类。

所以，我们要正确认识金钱与人生价值的关系：金钱与人生有密切的关系，要用正当、合法的手段获取金钱，金钱不是人生的全部内容。

（2）正确对待公与私的关系要走出享乐主义的误区。

穿要穿名牌，喝要喝饮料，零食当饭吃，随身带手机，这种享乐主义的现象，在我们身边并不少见。某县公安局成功摧毁了一个入室抢劫团伙。令人惊讶的是，被抓获的抢劫团伙成员均是在校中学生，而他们侵害的对象也是在校的学生，其作案目的竟是为了还在饭店吃喝、网吧上网的欠债。

重点提示

享乐主义人生观的表现

1. 从人的自然本性出发，把吃喝玩乐作为人生唯一目的和乐趣，把人与动物完全等同起来。

2. 只讲生活享受，不讲财富创造，把享受与创造对立起来。

3. 把自己的快乐建立在他人受苦的基础上。

重点提示

享乐主义人生观的危害

享乐主义给人的危害，小到个人，它会导致一个人贪图安逸，意志消沉，缺乏进取精神，一事无成。大到国家，它会导致社会停滞不前、腐败没落。“历览前贤国与家，成由勤俭败由奢”是最好的概括和总结。

各抒己见

批判享乐主义人生观，就是让人们放弃物质享受、过苦行僧式的生活吗？

2. 正确处理义与利的关系

所谓义是指道德原则、道义等；所谓利是指利益、金钱。义和利是辩证统一的关系。它们可以统一在公共关系上，公共利益既是利益财富，又是道德目的，在这里金钱和道德得到统一；两者又有对立的一面：在有的时候、有的情况下，义与利不能兼得。

小故事

毕玉玺的忏悔书

我是多年受党教育培养的领导干部，本应为党为人民更好地工作、服务。但由于自己长期不认真学习，不认真改造世界观，淡忘了党组织，淡忘了人民，也忘记了自己是个党员领导干部。从工作上的懒惰，生活上贪图享受到极端自私的个人主义。随着地位的提高、权力的增大，忘记了各方面的监督，目无党纪国法。从开始自己占便宜，逐渐演变为收受巨额贿赂和非法所得，到了不可收拾的地步。自己逐步走上犯罪道路的主要原因：一是长期不认真学习，特别是不学习党的基本理论和党纪国法；二是长期不能接受监督，喜欢干什么就干什么，极力放纵自己；三是唯我独行的工作作风，工作上有些成绩就狂妄自大，工作方法上往往独断专行；四是思想懒惰，工作上讨价还价，个人利益占了上风；五是心理不平衡，利欲熏心的赌徒心理，占有欲心理太强。

提示：义和利之间，国家、集体、个人之间，也会有矛盾和对立，因此要坚持集体主义原则，处理好国家、集体、个人之间的关系，反对把个人利益置于集体利益之上。

小故事

陈俊贵，为老班长守墓 24 年

这位班长名叫郑林书，他在雪地绝境作出了一个生死抉择：把最后一个馒头留给相识仅仅 38 天的新兵陈俊贵。记者见到陈俊贵时，他的第一句话是："对我在这里守护班长 24 年，现在的人肯定很难理解，因为没有那段经历。我跟你说吧，你的命是另外一个人给的，你会怎么样吧？其实感情比钱重要得多。如果我对班长说，把这个馒头给我吧，我给你两万、三万，班长肯定不会答应的。"

思考：

1. 义和利是否是等值的？是否可以相互代替？
2. 结合市场经济的实际，谈谈我们应具有什么样的义利观。

重点提示

坚持义利统一的原则，树立正确的义利观：坚持集体主义原则，正确处理国家、集体、个人之间的各种关系，反对把个人利益置于集体利益之上，反对把小团体利益置于国家利益之上。

四、正确处理利己与利他的关系

1. 利己和利他的关系

利己与利他是人生中经常遇到的一对矛盾。它们既是对立的，表现为有时候坚持

“利己”就不能“利他”，或者相反；它们又是统一的，对于同一件事，可以在“利己”的同时，也“利他”。利己和利他也会因所确定的范围不同而相互转化。

小故事

有个西方故事：神甫们为了使基督徒们将来有个较好的归宿，就先后带他们到“地狱”和“天堂”去看看。在“地狱”里，有许多人坐在餐桌旁，愁眉苦脸。因为桌上摆满了丰盛的酒菜，而他们的双手却被绑得直直的，用餐的工具被绑在直直的手上。每个人都自己拼命想吃，可就是吃不着，只好都在那里干着急，看着美餐忍受饥饿。在“天堂”的情况和“地狱”一样，唯独不同的是那里的人都满脸笑容，因为他们都在用自己的餐具喂给别人吃。

思考：“你喂给别人吃，别人也就喂给你吃”，这说明什么道理？

2. 在现实生活中正确处理利己和利他的关系

在维护个人正当利益的同时，热情地关心他人，积极地服务社会，就是在社会生活中正确处理利己利他关系的实际行为。

得道多助，失道寡助。帮助别人，实际上就是帮助自己。这绝不仅仅是简单的因果报应，而是做人的根本。

小故事

赢得回头客

一个22岁开始创业办建筑装饰公司的女孩，30岁出头即已资产过亿，她成功的第一秘籍是全心全意为客户着想：“想到顾客能够把活儿给我，我非常感激。拿到一个工程，本来我既可选择廉价材料，也可选择价钱低的工人，但我知道这样做的结果是失去更多的机会。事实证明，后来有许多人主动帮我推广宣传，因为工程质量是人人看得见的。我很清楚，质量是我们的命根，所以我抓得很紧。”

思考：这个故事说明了什么？

现代竞争，不再是“你死我活”，而是更高层次的竞争与合作，现代企业追求的不再是“单赢”，而是“双赢”和“多赢”。分清什么是公与私、义与利，正确处理其中的关系，在利己利他的关系中，体会只有通过利他才能更好地实现利己，明白“我为人人，人人为我”的道理。

知识梳理

一、本质具有社会历史性

1. 自然属性是人生存发展的生理基础

2. 社会属性是人的本质属性

3. 人是自然属性和社会属性的统一

4. 把握人的本质，积极融入社会

二、个人与社会密不可分

1. 要正确处理个人与社会之间的关系

2. 要正确处理个人与集体的关系

3. 正确处理个人、集体与社会三者之间的利益关系

三、正确处理公与私、义与利的关系

1. 正确处理公与私的关系

2. 正确处理义与利的关系

四、正确处理利己与利他的关系

1. 利己和利他的关系

2. 在现实生活中利己和利他的关系

思考题

1. 人的本质属性是什么？

2. 如何理解个人与社会的关系？

3. 如何摆正国家利益、集体利益与个人利益的关系？

4. 如何理解公与私、义与利、利己和利他的关系？

5. 如何看待个人成才的社会条件？

6. 如何理解“人人为我，我为人人”的道理？

课后练习

众人划桨开大船

一支竹篙耶，难度汪洋海；众人划桨哟，开动大帆船。一棵小树耶，弱不禁风雨；

百里森林哟，并肩耐岁寒，耐岁寒。一加十，十加百，百家千千万；你加我，我加你，大家心相连。同舟嘛共济海让路，号子嘛一喊浪靠边，百舸嘛争流千帆进，波涛在后，岸在前。一根筷子耶，轻轻被折断；十双筷子哟，牢牢抱成团。一个巴掌耶，拍也拍不响；万人鼓掌哟，声呀声震天，声震天……

分析：

1. 这首歌说明了什么道理？你是如何认识的？
2. 作为中职生，请利用所学的哲学原理进行简要分析。

案例分析

帮助别人就是帮助自己

四川一名身患白血病的男孩非常崇拜篮球明星姚明，渴望得到姚明的签名，能够亲眼见到姚明。在媒体的热心帮助下，这个男孩实现了最后的梦想。姚明不但亲自到医院鼓励他勇敢战胜病魔，还捐助他医疗费数万元。男孩去世后，他的父母把剩余的捐款捐给了中国红十字会去救助更多的人。姚明为此深受感动，他决定加入中华骨髓库志愿者，以帮助更多的人。2005 年 9 月 4 日，在“中华骨髓库校园爱心之旅启动仪式”上，作为中华骨髓库志愿者，姚明手执一颗红心模型，将中华骨髓库的标志补充完整，象征着发扬“人道、博爱、奉献”的红十字精神。

分析：作为受救助者，作为失去孩子的人，非常需要别人的关爱和帮助。但是，就是在这样的情况下，他们想到的不光是自己，而是更多需要救助的人。这种舍己为人的精神值得感动。显示爱心，不仅仅是出于怜悯，更是文明人的内心需要，是人性的自我完善。作为社会的一分子，我们要力所能及地帮助那些需要帮助的人。

课后实践

在处理个人利益与集体利益的关系问题上，有人说应该“大公无私，公而忘私”，有人说应该“公私兼顾，先公后私”，有人说应该“先私后公”，有人说应该“假公济私，损公肥私”，你是什么观点？写一篇 500 字的小论文加以说明。

第十四课

人生价值与劳动奉献

学习目标

1. 认知：通过教学，使学生了解社会价值和自我价值的概念及它们之间的关系，认识到人的真正价值在于对社会的贡献，了解苦与乐、生与死的概念及它们之间的关系。

2. 情感态度观念：帮助学生树立正确的人生价值观，认识到人的真正价值在于对社会的贡献，帮助学生正确看待苦与乐、生与死，树立正确的苦乐观和生死观，以提升人生价值。

3. 运用：通过对基本概念和基本观点的讲解，使学生认识到人生价值的实现需要一定的主客观条件，而奋斗是实现人生价值的决定性因素，理解并学会在诚实劳动中奉献社会，实现人生价值。

学习重点

1. 人的价值是社会价值和自我价值的统一。
2. 在劳动创造中实现人生价值。

学习难点

1. 人的价值是社会价值和自我价值的统一。
2. 树立正确的苦乐观和生死观。

导入新课

人生价值问题，在我国当代青年中是一个十分敏感的问题。其实关于人生价值问题的讨论已发生过多次，例如：“主观为自己，客观为别人”的讨论，大学生张华救老农而牺牲值不值得的讨论，都涉及什么是人生价值及衡量标准是什么的问题，那么究竟什么是人生价值？

一、社会价值和自我价值的统一

1. 人的社会价值与自我价值的辩证统一

人的价值包括社会价值与自我价值两个方面，社会价值是个人对社会的责任和贡献，体现了个人行为对社会和他人的意义；自我价值是社会对个人需要的尊重和满足，体现了社会对个体存在和个体对自身存在的意义。

个人对社会的责任和贡献——社会价值（贡献）

社会对个人的尊重和满足——自我价值（索取）

人的社会价值和自我价值是辩证统一的。首先，两者是相互联系、密不可分的：一方面，社会中的每个成员，都应为社会创造财富，实现个人的社会价值；另一方面，社会必须根据个人对社会的贡献程度，对个人需要给予相应的满足，从而实现人的自我价值。其次，社会价值是人的根本价值，是自我价值实现的基础。

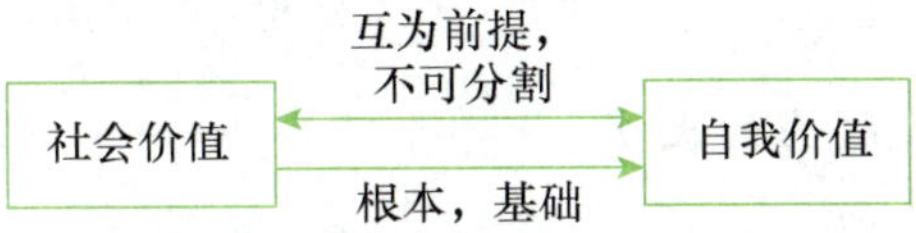

2. 人生的真正价值在于对社会的贡献

人生价值的评价标准用什么来衡量呢？评价一个人的人生价值不是看他从社会、他人那里得到了什么，而是看他为社会、为他人尽到了什么责任，作出了什么贡献，也就是说，人生的真正价值在于对社会的贡献。

重点提示

人生价值的评价是有客观标准的。个人对社会的责任和贡献是社会存在和发展的要求，是衡量一个人有没有价值或价值大小的基本标志，个人是通过对社会的奉献来体现自己人生意义的。

小故事

死得光荣——武文斌事迹

一个战士倒在了抗震救灾的第一线，上万民众为他哭别。所有参加吊唁的人都与武文斌素昧平生，他们只听说：一位解放军战士在抗震救灾中活活累死了！仅这一句话，已经让人们泪流满面。

6月17日晚，济南军区士官学员武文斌和战友们冒着大雨将8车50吨重的活动板房建材全部卸载完后，累得瘫倒在泥水地里。就在这个夜晚，他因劳累过度，引起肺部大出血而停止了年轻的生命。“我们一定要多救人，才能对得起身上的这身军装。”这是一个普通的解放军战士对老百姓的承诺，更是对共和国的承诺。

之所以人们受感动，是因为他为社会做出了突出贡献，这也正是他的人生价值实现的标志。衡量人生价值的标准只能看他贡献的大小。贡献大，价值大；贡献小，价值小；没贡献，没价值；索取大于贡献，负价值。

各抒己见

下列说法能不能作为人生价值评价的标准？

1. 享受的多少。
2. 占有金钱的多少。
3. 拥有职位的高低和权力的大小。
4. 占有知识的多少。

衡量人生价值的标准是贡献，而贡献又分为物质贡献和精神贡献。这两个方面哪个更大些或更重要？不能说物质贡献和精神贡献哪一方面的贡献更大、更突出，只能因人而异，进行具体分析。有的人在物质方面的贡献大些，有的人在精神方面的贡献更突出一些，有的人两个方面的贡献都很大。

二、人生价值的实现

人生价值的实现，需要一定的条件。既包括人生环境的客观条件，也包括个人的主观条件。客观条件包括一定社会的生产力水平、生产关系状况、社会的制度及体制因素、科学文化教育等状况、家庭环境、学校环境、工作环境等。主观条件就是个人的素质，在一定客观条件下，个人素质越全面，能力越强，个人对社会的贡献越大，人生就具有更大的价值。

重点提示

人生价值实现的条件

客观条件：一定社会的生产力水平、生产关系状况、社会制度、体制、科学文化教育等，还包括家庭环境、学校环境、工作环境等。

主观条件：个人的思想道德素质、科学文化素质、专业素质、身体素质和心理素质等。

调查显示：企业对大学生应聘提出三大必备条件：个人基本素质、基本职业技能及职业素养。有75%的企业负责人特别强调："目前不少大学生在应聘时，各种证书可以拿出一大堆，而职业技能和素养却体现不出，专业知识基础也相对薄弱。"在个人基本素质方面，89%的企业希望大学生提高心理健康素质；79%的企业认为，应届毕业生初到工作岗位时都欠缺一定的社会协作能力，必须接受一定培训；还有76%的企业认为大学生应当提高自我认识、准确定位。在基本职业技能方面，企业认为学生应具备的技能为：写作能力、钻研能力、创新能力和语言表达能力等。在职业素养方面，有89%的用人单位希望大学生具备诚信的职业道德素质。

这个调查结果对中职学生就业有什么启发？人的先天条件无法改变，因此后天的努力和奋斗就成为实现人生价值的决定性因素。

有学生问苏格拉底，怎样才能像他那般拥有博大精深的学问。苏格拉底听了并未直接回答，只是说："今天我们只学一件最简单也是最容易的事情，每个人都把胳膊尽量往前，然后再尽量往后甩。"苏格拉底示范了一遍，说："从今天起，每天做300下，大家能做到吗？"学生们都笑了，这么简单的事情有什么做不到的？过了一个月，苏格拉底问学生："哪些人坚持做了？"有九成的学生骄傲地举起了手。

一年后，苏格拉底再一次问学生："请告诉我，最简单的甩手动作还有几位同学坚持了？"整个教室里，只有一个学生举起了手。他就是后来成为古希腊另一位大哲学家的柏拉图。

"越是简单的事情，人们越不容易做到"，这就是对我们实现人生价值的启示。

重点提示

人生价值的实现不是一朝一夕就能轻松完成的，也不都是轰轰烈烈的英雄事迹，更多的人还是要在平凡的生活中，从一点一滴的、简单得不能再简单的小事做起，一步一步地逐渐实现自己的人生价值，而且还要有恒心、有毅力，有对实现人生价值的执着追求。

名人名言

少壮不努力，老大徒伤悲。

——李白

必须在奋斗中求生存、求发展。

——茅盾

重要的不是成功，而是奋斗。

——［英］哈伯特

我们应当努力奋斗，有所作为。这样，我们就可以说，我们没有虚度年华，并有可能在时间的沙滩上留下我们的足迹。

——［法］拿破仑一世

因此，正确的人生目标和价值取向确定之后，奋斗就成为实现人生价值的决定性的主观因素，人生就是一个不断奋斗的过程，唯有奋斗，才为实现人生价值提供了可能。

三、在劳动创造中实现人生价值

我们世界上最美好的东西，都是由劳动、由人的聪明的手创造出来的。劳动是创造社会财富的活动，也是体现人的本质力量、提升主体能力的活动。

所以，劳动是人类在自身智能支配下，通过各种手段和方式创造社会财富，以满足人类日益增长的物质、精神等方面需要的有目的的活动。劳动是人生的根基，是创造美好生活、促进人的全面自由发展的重要手段。

小故事

小王毕业于黑龙江某职业技术学校畜牧专业，几经周折也没有找到合适的工作，但他没有灰心，决定自谋职业。他结合自己所学的专业，经过实地考察，了解到养鹅是一个致富的有效途径，鹅产品有广阔的市场空间。于是，他下定决心发展养鹅事业。为了尽快掌握孵化技术，他到哈尔滨等地的养鹅基地学习了半年，后又在省畜牧兽医预防中心和同行的帮助下，学到了养鹅防病技术。在家人的支持下，他筹措了资金，买回种鹅500多只，购置了孵化设备，办起了养鹅场，当年就孵化鹅雏10 000只，盈利上万元。由于自己的努力和勤劳，他的鹅场规模不断壮大，成为当地有名的养鹅大户。小王的做法给你什么启示？结合实际谈谈我们应如何在劳动创造中实现人生价值。

提示：根据自己所学专业和今后就业方向，畅谈自己对人生的规划以及实现人生价值的方法等。

我们要在诚实劳动中奉献社会，才能更好地体现自己的人生价值。享誉世界的“杂交水稻之父”袁隆平，20世纪60年代初，在带领学生们下农村生产实习时，目睹了农村粮食短缺、群众生活困难的状况，决心从农作物品种改良入手。50多年来，他克服了种种困难，勤恳劳动，锐意进取，所取得的科研成果使我国杂交水稻研究及应用领域保持世界先进水平，不仅解决了中国粮食自给的难题，也为世界粮食安全做出了杰出的贡献。

四、树立正确的苦乐观和生死观

1. 正确看待苦与乐

苦是指人们的物质和精神需求相悖所引起的主观体验，是人生历程中遇到的困难和挫折；乐是指人们的物质和精神需求相符合所引起的主观体验，是人生历程中获得的愉快和幸福。

苦与乐是辩证统一的，表现在：

（1）苦与乐互相区别：所谓苦，是指人们的物质和精神需求相悖所引起的主观体验，是人生历程中遇到的困难和挫折；所谓乐，是指人们的物质和精神需求符合所引起的主观体验，是人生历程中获得的快乐和幸福。

（2）苦与乐互为前提：没有苦就没有乐，没有乐也无所谓苦。

（3）苦与乐互相渗透：苦中有乐，乐中有苦。苦是获得乐的过程，是手段；乐是艰苦劳动的结果，是目的。

（4）苦与乐在一定条件下互相转化：苦可以转化为乐，乐也可以转化为苦。

小故事

中国女排是一支具有光荣历史的队伍，20 世纪 80 年代曾获得辉煌的“五连冠”。进入 21 世纪，中国女排重振雄风，2001 年在世界大冠军杯上获得冠军，2003 年获得世界女排大赛冠军，2004 年获得雅典奥运会冠军，2016 年获得里约奥运会冠军。在这些荣誉的背后，一代代的女排姑娘们经受了超常的艰苦训练，是泪水、汗水和克服了难以忍受的伤痛换来的。没有付出超常之苦，就不能得到登上最高领奖台之乐。

苦与乐是辩证统一的。苦与乐是客观存在的，要在劳动中创造快乐，并保持乐观的态度，正确对待人生中的“苦”，在困难面前乐观进取，积极向上。

小故事

两块石头的命运

一座山上并排立着两块石头。一天，第一块石头对第二块石头说：“与其在这里养尊处优、默默无闻，还不如去经历一番外界的艰险和坎坷，做一些实事。这样可以见识一下旅途的风光，也不枉白活一世了。”

“你这是何苦呢？”第二块石头嗤之以鼻，“安坐高处可以一览无余，身边花团锦簇，为什么要愚蠢地在享乐和磨难之间选择后者，再说那路途的艰险磨难会让你我粉身碎骨的！”

第一块石头不以为然，于是它随山溪滚涌而下，虽然受尽了风风雨雨和世间的种种磨难，但它依然义无反顾，执着地在自己选择的路途上奔波。第二块石头见它如此辛劳和困苦，讥讽地笑了，它在山顶坐享着安逸和幸福，享受着周围花草簇拥的畅意抒怀，享受着大自然的美好景致。

许多年以后，饱经风霜、历尽沧桑、千锤百炼的第一块石头，被有心人发现了，并收藏在博物馆中，已经成了世间的珍品、石中的奇葩，被千万人赞美称颂，享尽了成功的喜悦。第二块石头知道后，有些后悔当初的决定，它也想投入到世间风尘的洗礼中，然后得到像第一块石头拥有的成功和高贵，可是一想到要经历那么多的坎坷和磨难，甚至疮痍满目、伤痕累累，还有粉身碎骨的危险，便又放弃了。

一天，人们为了更好地珍藏第一块石头，准备特意为它重新修建一座更加精美别致、气势雄伟的博物馆。为了找石头作为建造材料，他们来到高山上，把那第二块石头砸成碎块，为第一块石头盖起了房子。

人生中经常要面临这样的选择：安逸和苦难。选择了安逸，也许一生就注定要碌碌无为，像第二块石头。而选择了苦难，则会像第一块石头那样，成为美石，被人珍藏。历经苦难的磨砺，人生就会熠熠生辉。

台湾著名作家李敖说过：“怕苦，苦一辈子，不怕苦，苦半辈子。”奔放的青春需要扬帆起航，生命的花朵需要风雨的洗礼才能结出硕果来。

2. 正确看待生与死

人的生命是一个自然发展的过程。生是生命的起点，死是生命的终结，有生必有死，生与死是人生中的一对矛盾，既互相区别，又互相联系。

3. 树立正确的苦乐观和生死观

苦乐观和生死观，是现实生活的反映。苦乐观和生死观的核心是为什么人的问题。正确的苦乐观和生死观把基点放在维护和实现最广大人民群众的根本利益之上。我们要以正确的苦乐观和生死观为指导，更好地服务人民、奉献社会，提升人生价值。

知识梳理

一、社会价值和自我价值的统一

1. 人的社会价值和自我价值的辩证统一

2. 人的真正价值在于对社会的奉献

二、人生价值的实现

1. 人生价值的实现需要一定的主客观条件

2. 奋斗是实现人生价值的决定性因素

三、在劳动创造中实现人生价值

1. 劳动是创造社会财富的活动

2. 劳动是体现人的本质力量、提升主体能力的活动

四、树立正确的苦乐观和生死观

1. 正确看待苦与乐，苦与乐是辩证统一的

2. 正确看待生与死

3. 树立正确的苦乐观和生死观

思考题

1. 简述社会价值和自我价值的内涵。
2. 简述社会价值和自我价值的关系。
3. 如何理解苦与乐、生与死的概念？
4. 如何树立正确的苦乐观和生死观？
5. 如何理解人的价值是社会价值和自我价值的统一？
6. 如何理解在劳动创造中实现人生价值？

课后练习

查找有关人生价值实现的典型事例，包括正反两方面的例子，理解人生的真正价值在于对社会的贡献。

案例分析

生命的价值

有一个生长在孤儿院的小男孩，常常悲观地问院长："像我这样没人要的孩子，活着究竟有什么意思？"

院长总是笑而不答。

有一天，院长交给男孩一块石头，说："明天早上，你拿这块石头到市场上去卖，但不是'真卖'，记住，无论别人出多少钱，绝对不能卖。"

第二天，男孩拿着石头蹲在市场的角落，有不少人对他的石头感兴趣，而且价钱愈出愈高。回到院里，男孩兴奋地向院长报告，院长笑笑，要他明天把石头拿到黄金市场去卖。在黄金市场上，有人想出比昨天高 10 倍的价钱来买这块石头。

最后，院长叫孩子把石头拿到宝石市场上去展示，结果，石头的身价又涨了 10 倍，由于男孩坚决不卖，这石头竟被传扬为"稀世珍宝"。

男孩兴冲冲地捧着石头回到孤儿院，问院长为什么会这样。

院长没有笑，望着孩子慢慢说道："生命的价值就像这块石头一样，在不同环境下就会有不同的意义。一块不起眼的石头，由于你的珍惜、惜售而提升了它的价值，竟被传为稀世珍宝。你不就像这块石头一样？只要自己看重自己，自我珍惜，生命就有意义、有价值。”

分析： 联系实际，分析“只要自己看重自己，自我珍惜，生命就有意义、有价值”这句话的意义。

第十五课

人的全面发展与个性自由

学习目标

1. 认知：正确理解人的全面发展。正确把握人的个性自由。
2. 情感态度观念：尊重个性，全面发展。
3. 运用：掌握科学思维方法，正确处理个性自由与全面发展的关系。

学习重点

1. 正确理解人的全面发展。
2. 正确把握人的个性自由。

学习难点

1. 人的全面发展。
2. 人的个性自由。
3. 促进人的全面而自由的发展，实现美好人生。

导入新课

相对于动物而言，人是自由的，但是这种自由又不是绝对的，而是有条件的。离开了社会和个人的具体条件谈自由，只能是空谈。例如，有人说，我们永远不会有真正的自由，总被太多的条件制约。也有人说，自由是人们心中永不熄灭的精神追求。它的存在，意味着人们不须再被动地生活。

人的一生中，自由是不可或缺的，它能让人活出生命的质量，活出属于自己的一片天地。因此，人生离不开自由，没有自由就没有真正的人生。

讨论： 自由是什么？在日常生活中，你认为有自由吗？怎样看待人生自由？

一、人的全面而自由的发展是社会进步的最高目标

人的全面发展强调的是人的丰富性和完整性，人的自由发展强调是人的独立性和自由性。

1. 人的全面而自由发展的内涵

人的全面发展是指人的各方面发展条件在相互促进中实现和谐的整体的发展，是克服了发展的片面性，全面而健康的发展，它强调的是人的丰富性和完整性。

人的自由发展是指人对束缚和限制的摆脱和超越，它强调的是人的独立性和自由性。

人的全面发展和自由发展是互为前提、互相促进的。只有不断促进人的全面发展，才能更好地保持人的独立性和自主性。只有个人普遍得到全面发展，人类才能在自然界与人类社会中获得自由，成为自由发展的人。生活就像一架钢琴，弹出什么样的旋律全凭弹奏者自己。

2. 社会进步与人的全面自由发展是相互促进的辩证关系

社会进步与人的全面自由发展是相互促进的。实现人的全面、自由的发展是社会主义社会和共产主义社会的根本价值目标，全体社会成员的全面自由的发展又促进了社会的不断进步。只有不断促进人的全面发展，才能更好地保持人的独立性和自由性；只有个人普遍得到全面发展，人类才能真正在自然界与人类社会中获得自由，成为自由发展的人。

3. 全面而自由发展的主客观条件

客观社会条件：消灭私有制和人对人的剥削，社会生产力的高度发达和财富的充分涌流，按需分配的实现，等等。

人的主观条件：人的觉悟、素质和自控能力的极大提升，人的劳动的全面发展，人的社会关系和社会生活的全面丰富，等等。

在现有社会条件下，我们要积极推动人的全面而自由的发展。

小故事

永远鼓舞自己

理查·派迪是运动史上赢得奖金最多的赛车选手。当他第一次赛完车回来向他母亲报告赛车的结果时，那情景对他后来的成功影响很大。

“妈！”他冲进家门叫道，“有35辆车参加比赛，我跑第二。”

“你输了！”他母亲回答道。

“但是，妈，”他抗议道，“您不认为我第一次就跑个第二是很好的事吗？特别是这么多辆车参加比赛。”

“理查，”她严厉地道，“你用不着跑在任何人后面！”

接下来的20年中，理查·派迪称霸赛车界。他的许多项纪录到今天还保持着，没被打破。他从未忘记他母亲的教诲——“理查，你用不着跑在任何人后面！”

是的，“你用不着跑在任何人后面！”一旦你从内心决定要得第一，那么你就会有更大的动力。

提示：在生活中你敢不敢说“我是第一”？回答这个问题并不困难。如果你是个渴望成功的人，请回答：“当然，我就是第一。”如果想保持一点谦虚的绅士风度，你也可以回答：“不是第一。”但要不失时机地补上一句：“是并列第一。”

二、人的全面发展

人的全面发展不仅指人的素质的全面提升和社会本质的全面丰富，还指“每个人”即“社会的每一个成员”的发展。人的全面发展包括人的物质生活、精神生活的全面改善和德、智、体、美及劳动能力等各方面素质的全面提高。我们要加深对人的全面发展的认识，从而正确选择自己的人生道路。

小故事

神童退学的启示

1983年出生的魏永康两岁就认识1 000多个汉字，4岁掌握初中文化，8岁上县属重点中学，13岁以高分考上重点大学，17岁考上中国科学院的硕博连读。他被人们称为“神童”。但是，这位“神童”在19岁时，却因生活自理能力太差，知识结构不合理，被迫退学。

魏永康走过的这段人生历程，委实启人深思。“神童”虽具有超越同龄儿童的智力，但他首先是“儿童”，同样需要遵循儿童成长成才的基本规律。在成长过程中，他们同样需要在与外界的社会交往中汲取养分。而在魏永康的成长过程中，我们却发现，他的童年生活被人为地“割裂”，除了学习，还是学习，没有伙伴，没有课外书，也没有玩具。人生路上那些美丽的、欢乐的、悲伤的、复杂的、温暖的、坎坷的际遇，也统统与他“无缘”，而这些正是孩子健康成长所不可或缺的社会土壤。

人的全面发展是需要条件的，人的全面发展既需要相应的社会条件，也需要个人的追求和努力。在这个方面，全社会都应该有充分认识。

三、人的个性自由

1. 个性自由的内涵

个性自由是指个人的能力和潜能，按照个人的意愿得到自由而充分的发挥和发展。人可以摆脱和克服某些条件的限制，但不能克服所有条件的限制。一个人一旦失去约束，不管是什么人，都会轻易被击败，这是我们要注意提醒自己的。

生活中不能没有约束。所以，自由是相对的，有条件的。自由和约束是不可分的。

小故事

感悟自由和约束

一棵刚栽下的小树，被束缚在木桩上，它感到很不自在，气愤地指责木桩说：“老东西，你为什么要束缚我，剥夺我的自由？”

木桩亲切地说：“小兄弟，你刚开始自立，弄不好是会栽倒的，我是为了帮助你扎稳根，增强抵御风的能力，扶持你茁壮正直地成长，让你成为有用之才呀！”

“鬼话！”小树心里骂道，“我才不信你这骗人的鬼话呢，没有你我同样能扎稳根，不用你扶我同样茁壮正直地成长，你就等着瞧吧！”

于是，小树凭借风力，故意找别扭，天天和木桩磨来磨去。有一天，它终于把绳索挣断了，感到非常得意，整天随着风，东摇西摆地起舞，把根部的泥土晃松动了。一天夜间，一阵急风骤雨，它被连根拔了起来。第二天一早，岿然不动的木桩望着倒在地上的小树叹道："你现在感到彻底自由了吧！"

"不！"小树难过地说："我现在感到需要约束，可惜已经有点迟了！"

你怎么看待小树的自由和约束？

提示：木桩的束缚是为了帮助小树扎稳根，增强抵御风的能力，扶持它茁壮正直地成长，"在束缚下成长"。

一方面，个性自由是客观必然存在的，自由是建立在对必然性的认识基础之上的，不是主观任意的，不是头脑中想象的；另一方面，个性自由也表现了人的个性的多样性和丰富性。不同的人有不同的特点和优势。因此，不同的人也会有不同的人生道路的选择。

小故事

自由与约束——在平衡中攀升

在一个有风的春日，一群年轻人正在迎风放风筝玩乐，各种颜色、各种形状和大小的风筝就好像美丽的鸟儿在空中飞舞。当强风把风筝吹起，牵引线就能够控制它们。

风筝迎风飘向更高的地方，而不是随风而去。它们摇摆着、拉扯着，但牵引线以及笨重的尾巴使它们处于控制之中，并且迎风而上。它们挣扎着、抖动着想要挣脱线的束缚，仿佛在说："放开我！放开我！我想要自由！"即使与牵引线奋争着，它们依然在美丽地飞翔。终于，一只风筝成功挣脱了。"终于自由了，"它好像在说，"终于可以随风自由飞翔了！"

脱离束缚的自由使它完全处于无情微风的摆布下。它毫无风度地震颤着向地面坠落，落在一堆乱草之中，线缠绕在一颗死灌木上。"终于自由"使它自由到无力地躺在尘土中，无助地任风沿着地面将其吹走。

有时我们真像这风筝啊！上苍赋予我们困境和约束，赋予我们成长和增强实力所要遵从的规则。约束是逆风的必要匹配物。我们中有些人是如此强硬地抵制规则，以至我们从来无法飞到本来能够达到的高度。我们只遵从部分戒律，因此永远不会飞得足够高，使尾巴远离地面。

让我们每个人都飞到高处吧，并且认识到这一点：有些可能会令我们生气的约束，实际上是帮助我们攀升和实现愿望的平衡力。

2. 个性自由与社会约束的关系

在现实社会生活中，每个人的不同特点都应该得到尊重，也就是说，应该创造必要的条件，尽可能把自己的特点和优势在社会生活中发挥出来，从而为社会发展做出更大的贡献，同时也可以最大限度地创造出自己的人生价值。但是，这种自由的选择和发展，又必然地要受到社会历史的客观条件的限制，任何人都不可能做到随心所欲地选择和发展。

3. 个人的自由与他人的自由之间的关系

我们不能在社会生活中以个性自由发展为借口，不顾他人的自由发展，甚至损害和阻碍他人的发展。要真正实现个性自由的发展，就必须要保证社会的稳定、和谐的发展。也就是说，个人的自由发展是以其他所有人的自由发展为前提的，任何人都不可能脱离开社会，脱离开其他人的发展来谈自己个人的自由发展。

重点提示

自由是对必然的认识和客观世界的改造，自由只能是历史发展的产物；人是社会的人，因此，人的自由是受社会关系制约的。自由是相对约束而言的，完全摆脱约束、不受任何限制的绝对自由是不可能存在的。

自由总是相对、有条件的，它并不意味着为所欲为、随心所欲。一方面，任何个人的个性自由应得到社会和他人的尊重；另一方面，任何人的自由都不能妨害影响别人的自由。任何个人的自由都必须以保证社会的稳定和发展为前提。

例如，在世界共同抗击甲型 H1N1 流感的时候，我国留学生在网上发起暂时不回家的倡议书；大部分从国外回国人员自觉自我隔离。北京的首例患者在确诊之前，除了打车前往医院就诊，与出租车司机有过近距离接触之外，一直在家里待着，与她的母亲在一起。而且，为了防止意外，她把打车的票据一直保留着，方便找人。正是由于患者这种极高的自觉意识，在她被确诊之后，需要隔离观察的只有两人：她的母亲和出租车司机。而且因为她保存着票据，出租车司机很快就被找到了，为隔离工作节约了大量的寻找时间。然而，北京输入性甲型 H1N1 第××例患者，自加拿大抵京后不仅未按相关建议要求自我隔离，相反带病在京频繁活动。

在这个案例中，自我隔离，这是个体对他人、对社会的一种伦理责任。一方面，别人是无辜的，本就不该有那么多人和你一起承担个人造成的后果；另一方面，如果出现很多不必要的人因你而被隔离的结果，相信你也不会就此而心平气静。所以，无论从社会角度还是从个人角度而言，在疫区过往的人们，高度的自觉意识应该被纳入自己的思维与行为之中，以免产生不必要的麻烦。

通过两个从疫区回国人员的截然不同的表现，从自由和约束的关系看，自我隔离——是为了获得个性自由的空间。社会进步的今天，对所有的人给予了最大的信任空间，给予了个性自由的尊重。这就更能彰显个人的素质，而主动隔离，体现了个人的社会责任——主动约束自己。

四、促进人的全面、自由发展，实现美好人生

人生要有追求，要追求真善美的统一。人的全面发展，也就是真、善、美的和谐发展。这也是人的全面发展的内涵。人性之真是人的本质显露的一种理想的自然状态；人性之善是社会化的人对自身行为进行有效调节的最高价值；人性之美是真与善有机结合的形象化。

1. 美好人生把握在自己手中

在人生发展中，面对相同的社会条件，有的人成功了，有的人却失败了；在人生旅途上，人们都会遇到各种困难和坎坷，但结局却各不相同。造成这种差别的内因主要在自己，在于每一个个体的认识、信心和行动，在于自身的选择和发展。因此，美好的人生把握在自己手中。

小故事

邰丽华的故事

在邰丽华两岁那年，因高烧而失去了听力，难以想象她当时的寂寞与痛苦。邰丽华小时候刚进聋哑学校时，一堂“律动课”对她后来从事舞蹈事业起了非常重要的作用。那天，老师踏响木地板上的象脚鼓，把震动传给站在地板上的学生，让孩子们由此知道什么是节奏。

当同学们为脚下变化无穷的震动兴奋不已时，小丽华已全身匍匐在地板上，她指着自己的胸口告诉教师：“我喜欢！”她努力地感受不同的震动，娇小的身体随之摆动。她突然发现，这是一种属于她的语言。

在婀娜的舞姿背后，邰丽华付出了比常人多好几倍的辛苦。台上一分钟，台下十年功。她顽强的毅力让我们感动，让我们心灵受到猛烈的撞击。她全身心地投入到她的舞蹈事业中，她将自己变成了一只旋转的陀螺，24 小时中除了基本的吃饭和睡觉时间以外，其他一切时间都是在舞蹈。找不准节拍再练，动作不对再改，一次又一次，再爬起，摔到，再爬起……以至小腿上留下了一道又一道青黑的伤疤。凭着执着的努

力和天赋，邰丽华在15岁时，就随中国残疾人艺术团出国演出了。在很多次舞蹈比赛中，评委们根本没有发现她是一位双耳失聪的残疾人。重新燃起的生命之火让邰丽华重新认识到存在的意义，她想和正常人一样生活，和他们一样体验这个世界的丰富多彩。她爱上了舞蹈，虽然没有音乐，但是她用自己的心去伴奏。她说过："残疾不是缺陷，而是人类多元化的特点。残疾不是不幸，而是不便。残疾人，也有生命的价值。愈是残缺，愈要美丽！"她对世界充满了感恩，她觉得自己已经注定一生都要用身体的舞蹈和心中的音乐去膜拜生命。当你看到那一个个到位的动作时，是否会发出一声惊叹？是否会觉得不可思议？但邰丽华却做到了。也许她并没有达到舞蹈的顶峰，因为学是无止境的，但她却已经战胜了任何人。

人生有圆，有缺，有满，有空，这是没有办法去选择的。但是你可以选择看人生的角度。邰丽华用心去感受生活，热爱生活，她有着一颗坚强、火热的心，她用行动告诉人们，她和正常人一样！

2. 实现人生全面而自由发展的条件

我们应该知道，实现人生全面而自由发展需要条件。一方面，客观社会条件：消灭私有制和人对人的剥削，社会生产力的高度发达和财富的充分涌流，按需分配的实现等；另一方面，人的主观条件：人的觉悟、素质和自控能力的极大提升，人的劳动的全面发展，人的社会关系和社会生活的全面丰富等。

小故事

把自己推到前台

他是一位不幸的少年，因为身材矮小，总是被别人忽视。上小学的时候，学校开展小发明比赛，但是班级小组推荐的名单里没有他。于是他找到老师表示愿意参加比赛，老师尽管有些怀疑，但仍然答应了他。几天后，他交上了自己的作品——无尘电动黑板擦，这个作品不仅在学校获了奖，还在市里获得一等奖。

上中学的时候，他的身高只有一米多一点。一次，电视台、教育厅、省科协举行"青少年科技创新大赛"。他经过长时间考虑后，给电台打去电话，擅自决定代表自己的学校报名参赛。结果他设计的电动车防滑带获得此次大赛一等奖，为学校争得了荣誉。

2003年12月，联合国教科文组织决定举行一次"全球儿童文化论坛"，在全球每个国家选择一名14岁以上的青少年赴巴塞罗那参加活动，这一次，他又主动报了名，并被列为候选。然而，全国共有120名候选青少年，从中只能挑选一人。组织者把

120 人分为 12 个小组，每组选一名代表上台演讲。不幸的是，他没有被小组选上。当其他选手在台上侃侃而谈的时候，他再也坐不住了，悄悄地靠近一位工作人员说："叔叔，你能不能帮我喊一下台上的主持人？"主持人走近他的身边，他小声对主持人说："尽管没有人推选我，可我觉得我有这个能力，您给我一次机会，我会还您一份惊喜！"主持人和评委沟通以后，决定让他上台试一试。这一试，他成了中国唯一的入选者！

2004 年 3 月，他接到了联合国的正式邀请，5 月 12 日，身高只有 1.2 米的他，作为中国唯一的代表站在了国际论坛上，他的演讲赢得了场内持续热烈的掌声。这年 12 月，法国著名儿童动画片"天线宝宝"制作中心专程赶到了中国，为他拍摄专题片。

他的名字叫姚跃，安徽省合肥市 38 中一位 16 岁的残疾少年。

在接受西班牙国家电视台记者采访的时候，姚跃说："当你被别人忽视的时候，请记住一句话：你自己就是伯乐！"

一位身体残疾而心灵充满阳光的少年带给了我们许多启迪：只把希望寄托在别人身上，等待伯乐来发现，无疑是一种被动和软弱，只有把自己推到前台，前面的风景才会是另一番模样。

各抒己见

认识你自己

在漫长的人生历程中，必须正确地认识自己。把自己估计过高，会脱离现实，守着幻想度日，怨天尤人，怀才不遇，结果小事不去做，大事做不来，一事无成；把自己估计过低，会产生强烈的自卑感，导致自暴自弃，明明能干得很好的事，也不敢去试，最后抱怨终生。

可见，认识自己多么重要。倘若能正确认识自己，面临成功，不会忘乎所以，瞧不起别人；遇到挫折失败，也不会丧失信心，只能更加谦虚，更加勤奋。尤其在充满竞争的今天，充分认识自己，找出自身的优势和劣势，加强学习，不断提高，才能适应形势，找准自己的位置，使自己成为一个对社会有用的人。

认识自己的目的在于面对人生，创造美好的人生。学习马克思主义关于个人全面发展的理论，希望中职生能自觉地指导实践生活，在创造中感悟美好人生。

3. 正确对待人生问题，创造自己的美好人生

在生活中，不同的人对我们的认识和看法是不同的。我们不可能令周围的每一个

人都喜欢自己、欣赏自己。事实上，最了解你的人只有你自己。所以，我们每一个人要充分认识自己的每一方面，给出自己客观的评价。别人的评价只是一个参考，我们要想完善自己，首先要自己充分认识自己。

在古希腊帕尔索山上的一块石碑上，刻着这样一句箴言："你要认识你自己。"卢梭称这一碑铭："比伦理学家们的一切巨著都更为重要，更为深奥。"显然，认识自己是至关重要的。

真正认识自己并不是件容易的事。有人活了一辈子都不能认识自己，对别人认识得很清楚，把握得很准确，而对自己却不认识，也不能准确把握。也有人感叹自己不了解别人，却完全了解自己，这都是不能正确认识自己的表现。"你要认识你自己"，就是说，要认识自己的情感、气质、能力、水平、优缺点、品德修养和处世方式等，能对自己做出较为准确、恰如其分的估量和评价，不掩饰，不溢美。

在人生发展中，面对相同的社会条件，有的人成功了，有的人却失败了；在人生旅途上，人们都会遇到各种困难和坎坷，但结局却各不相同。造成这种差别的内因主要在自己，在于每一个个体的认识、信心和行动，在于自身的选择和发展。因此，美好的人生把握在自己手中。正确对待人生问题，创造自己的美好人生。

总之，几千年来，人类一直在探索人生奥秘的旅途上不停地跋涉，在不断地思考着人在宇宙中的位置、个人与社会、人的需要、人的本质、人生理想、人生信仰、人生责任、人生态度、人生命运、人生归宿、人生境界和个性完善等问题。人生有许多问题，必须面对；人生有许多矛盾，必须解决；人生有着美好的未来必须创造。创造并享受美好的人生，是人们的最终追求。

小故事

谁都不会"一无是处"

法国文豪大仲马在成名前，穷困潦倒。有一次，他跑到巴黎去拜访他父亲的一位朋友，请他帮忙找个工作。

他父亲的朋友问他："你能做什么？"

"我没有什么了不得的本事，老伯。"

"数学精通吗？"

"不行。"

"你懂物理吗？或者历史？"

"什么都不知道，老伯。"

"会计呢？法律如何？"

大仲马满脸通红，第一次知道自己太差劲了，便说："我真惭愧，现在我一定要努力补救我的这些不足。我相信不久之后，我一定会给老伯一个满意的答复。"

他父亲的朋友对他说："可是，你要生活啊！将你的住处留在这张纸上吧。"大仲马无可奈何地写下了他的住址。他父亲的朋友笑着说："你终究有一样长处，你的名字写得很好呀！"

你看，大仲马在成名前，也曾有过认为自己一无是处的时候。然而，他父亲的朋友，却发现了他的一个看似并不是什么优点的优点——把名字写得很好。

提示：我们每一个人，特别是不自信的人，切不可把优点的标准定得太高，而对自身的优点视而不见。你不要死盯着自己学习不好、相貌不佳等不足的一面，你还应看到自己身体好、会唱歌、字写得好等不被外人和自己留意或发现的优点。

知识梳理

一、人的全面而自由的发展是社会进步的最高目标

1. 人的全面发展和自由发展的内涵

2. 社会进步与人的全面自由发展是相互促进的辩证关系

3. 全面而自由发展的主客观条件

二、人的全面发展

1. 人的全面发展的内涵

2. 人的全面发展的条件

三、人的个性自由

1. 个性自由的内涵

2. 个性自由和社会约束的关系

3. 个人的自由与他人的自由之间的关系

四、促进人的全面、自由发展，实现美好人生

1. 美好人生把握在自己手中

2. 实现人生全面而自由发展的条件

3. 正确对待人生问题，创造自己的美好人生

思考题

1. 如何理解人的全面发展？

2. 如何把握人的个性自由？

3. 简述正确处理个性自由与全面发展的关系。

4. 如何促进人的全面而自由的发展，实现美好人生？

课后练习

风筝与线的对话

一只风筝对它的线说："你限制了我的自由，我想飞得再高些都不行。"

线说："如果没有我的束缚，你会迷失方向的。"

风筝说："我有一对坚固的翅膀，有天生导航能力的头脑，我根本不会迷失方向，我也要成为一只真正的鸟。倒是你这长长的线总是碍我的事，每当我想忘我地去飞时，就会被你无情地拽回。我要摆脱你，飞向我向往的地方。"

"是啊，既然你羡慕鸟儿们自由飞翔的生活，我该给你一片自由的天空。"线毅然放弃了天空中的风筝。

风筝终于得到了自己想要的自由，无拘无束地和鸟儿们在天空中飞来飞去……

变天了，风在刮，雨在下。鸟儿们纷纷飞回了自己的家。风筝慌了神，面对着一望无尽的天空，挥舞着那双纸做的翅膀，惊慌寻找着属于它的家的方向。挣脱线的束缚，它似乎找到了自由，却永远迷失了回家的方向。

分析：

1. 自由是相对的，有条件的。线的束缚是为了帮助风筝控制方向，没有线，风筝会永远迷失回家的方向。

2. 自由和约束是不可分的。人可以摆脱和克服某些条件的限制，但不能克服所有条件的限制。一个人一旦失去约束，就会轻易被击败。生活中不能没有约束。

分组讨论：如何正确认识自由与约束的关系？

案例分析

刘开渠卖画

刘开渠年轻时在上海的日子过得相当窘迫。一日，他画了一只老虎拿到街上去卖。这幅画引起了一个外国人的注意。外国人问："你要多少钱才肯卖掉它？"他说："500

美元。”外国人觉得太贵，又问：“能不能少点儿?”他淡淡地说：“不能!”随之，将画撕得粉碎。外国人被他的举动惊呆了：“年轻人，干吗要这样呢？你生气了吗?”他平静地说：“不，先生，我没生气。我卖500美元是因为我认为这幅画值这个价钱。而您跟我讨价还价，说明您觉得它不值这个价，显然这幅作品不能令您满意。我会越来越努力，画出越来越好的作品，直到令客人满意为止。所以我撕了这幅画，因为它不够好。”

那时的他，还只是一个默默无闻的普通青年。虽然他缺钱，可他从没因此而降低自己对艺术的追求标准，也没有让尘世的物质诱惑影响他的追求。这种追求使他不断努力并最终成为一名雕塑大师。他后来担任中国美术馆馆长，负责北京天安门广场上人民英雄纪念碑四侧的浮雕工作，留下了许多传世的经典雕塑作品。

分析：提升自身的人生发展能力，实现自由而全面的发展，需要我们努力加强学习和实践。

图书在版编目（CIP）数据

哲学与人生/董琪波，姬建军，刘建华主编. —北京：中国人民大学出版社，2016.9
中等职业教育通用基础教材系列
ISBN 978-7-300-23241-6

Ⅰ.①哲… Ⅱ.①董…②姬…③刘… Ⅲ.①哲学-中等专业学校-教材 Ⅳ.①G634.211

中国版本图书馆 CIP 数据核字（2016）第 186475 号

中等职业教育通用基础教材系列
哲学与人生
主　审　元甘露
主　编　董琪波　姬建军　刘建华
副主编　黄爱春　刘振东　王同和　易林华　张　筠　韦七玲　刘胜华　孙　然　潘　敏　龚贵祥　赵琳萍
参　编　熊希红　肖　锋
Zhexue yu Rensheng

出版发行	中国人民大学出版社		
社　址	北京中关村大街 31 号	**邮政编码**	100080
电　话	010－62511242（总编室）		010－62511770（质管部）
	010－82501766（邮购部）		010－62514148（门市部）
	010－62515195（发行公司）		010－62515275（盗版举报）
网　址	http://www.crup.com.cn		
经　销	新华书店		
印　刷	唐山玺诚印务有限公司		
开　本	787 mm×1092 mm　1/16	**版　次**	2016 年 9 月第 1 版
印　张	13.25	**印　次**	2023 年 8 月第 13 次印刷
字　数	252 000	**定　价**	28.00 元
